无退休社会

日本《朝日新闻》采访组 著　程雨枫 译

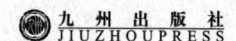

图书在版编目（CIP）数据

无退休社会 / 日本《朝日新闻》采访组著；程雨枫译. -- 北京：九州出版社，2024.9（2025.7重印）
ISBN 978-7-5225-2763-5

Ⅰ.①无… Ⅱ.①日… ②程… Ⅲ.①人口老龄化—研究—日本 Ⅳ.① C924.313.4

中国国家版本馆 CIP 数据核字 (2024) 第 066201 号

ROUGO LESS SHAKAI SHINU MADE HATARAKANAITO SEIKATSU DEKINAI JIDAI Copyright © The Asahi Shimbun Company
Originally published in Japan by SHODENSHA Publishig co., ltd., Tokyo.
Chinese translation rights in simplified characters arranged with SHODENSHA Publishing Co., Ltd. through Japan UNI Agency, Inc., Tokyo

著作权合同登记号：图字 01-2024-1982

无退休社会

作　　者	日本《朝日新闻》采访组　著　　程雨枫　译
责任编辑	陈丹青
出版发行	九州出版社
地　　址	北京市西城区阜外大街甲 35 号（100037）
发行电话	（010）68992190/3/5/6
网　　址	www.jiuzhoupress.com
印　　刷	天津中印联印务有限公司
开　　本	889 毫米 × 1194 毫米　32 开
印　　张	7.25
字　　数	120 千字
版　　次	2024 年 9 月第 1 版
印　　次	2025 年 7 月第 5 次印刷
书　　号	ISBN 978-7-5225-2763-5
定　　价	48.00 元

★ 版权所有　侵权必究 ★

前　言　　　　　　　　　　　　　　　　　　i

序　章　消失的"退休生活"

悄然逼近的不安　　　　　　　　　　　　　　3
生活困窘的人们　　　　　　　　　　　　　　4
国家也很压抑　　　　　　　　　　　　　　　7
有史以来最大的转折点　　　　　　　　　　　8
"2040年问题"的"定时炸弹"　　　　　　　10
昭和与令和，两个时代的"波平先生"　　　　11
"一亿总活跃"的心声　　　　　　　　　　　13
是反乌托邦，还是人生的丰收期　　　　　　 14

第1章　老年保安员
　　　——为何再苦再累也要"干到老"

职业介绍所里的71岁老人　　　　　　　　　19
为什么做苦差事　　　　　　　　　　　　　 20
70岁以上占八成　　　　　　　　　　　　　 23
疫情期间用工需求依旧旺盛　　　　　　　　 24
这份工作拯救了我　　　　　　　　　　　　 26
目标是"营造愉快的工作环境"　　　　　　 30
别强调这份工作有多苦　　　　　　　　　　 32
老年人成为保安行业的主力军　　　　　　　 33

待遇逐渐得到改善	37
社会保险的参保情况不容乐观	39
被疾病压倒的前保安员	40
护理保险救了我	42
85岁遇到年龄门槛	44
工作是出于自愿，还是迫不得已	46
"新贫困阶层"的形成	49

第2章 公司里的妖精大叔
—— 不工作的大叔们

"妖精大叔"出现在员工食堂	55
坐等退休的人	57
这里也有妖精大叔	58
疫情时期的工作方式与年轻一代的奋起	60
远程办公时代的生存技巧	63
我的丈夫曾经是"妖精大叔"	64
劳动关系的悲剧历史	66
公司里的禁闭室	69
"盈利裁员"的开始	71
妖精大叔出现的原因	74
"真羡慕老一代"	77
记者札记　企业首先应该做的事	80

第3章 迷失的一代的受难
——我们注定死在街头？

迷失的一代	85
本以为是找到正式工作前的过渡	87
责任该由谁来担	89
永不消融的冰河	91
不稳定就业的"先头部队"	93
这也该"责任自负"吗？	95
主角是女性	97
迷失的一代需要补贴	98
跳槽次数越多，劳动条件越差	99
想象不出安享晚年的自己	102
我们不是用完即弃的棋子	103
疫情下被抛弃的未婚员工和非正式员工	105
年轻一代也出现养老焦虑	106
被社会遗忘的人们	109
"迷失的一代"更是"被剥削的一代"	110
向日本社会复仇	113

第4章 退休前跳槽的决断
——我不当"妖精大叔"

留在公司是最好的选择吗？	117

只招中老年人的企业 119
从知名服装公司转行 122
给醉汉和臭脚顾客做理疗 125
从"1件10万"到"100条5万" 127
一切从头开始的优势 129
移居到极限村落 131
默默忍受拥挤电车是一种幸福吗？ 133
给自己的考验 135
"不失为退休前的一个选择" 137
20岁和50岁都是"年轻人" 139
工作与生活 142
记者札记　疫情给"日本人的老年生活"带来了
　哪些改变？ 144

第5章　工作到最后一刻
—— 向前看的老人们

为什么还要继续工作？ 151
在养老院工作的老人 152
虽然养老金也够用 154
筛查中查出的疾病 155
工作到终点前的最后一步 157
在典型的卫星城开展的社会实验 158

4

对自身和社会都有益	159
为经济高速增长做出贡献的企业战士的现状	160
老公最好健康又不在家	162
以千万人单位减少的劳动力	163
日本剩下的"人力资源"	166
65岁以上的多种选择	168
令和时代的"国家总动员体制"？	170
疫情下的两座高墙	171
居家办公对老年人门槛高	173
疫情下必要行业用人需求热度不减	174
大获成功的"叶子生意"	175
教老年人学会用互联网	178
灵活运用护理服务	180

第6章 无退休社会生存指南
—— 关于延迟退休、再就业和养老金。给不久的将来的建议

老年人适合在什么样的职场工作	187
退休后下调工资"合理"吗？	188
酬劳和职责 —— 向员工说明了吗？	191
用长假代替退休 —— 大和房屋的延迟退休制度	195
为卸任后的人生做彩排	198

薪酬保障体系随退休年龄延长——太阳人寿的案例	200
过去不可能实现的人事改革	203
老年员工的工伤事故增加	205
最大年龄 78 岁——Gloria 取消退休制	207
年金（社会保障）从"完投型"转向"接续型"	210
提前领还是推迟领？——75 岁开始领可多领 80%	213

后　记	217

前　言

当你听到"无退休"这个词时,你会想到什么?

"无现金""无线""无糖"……生活中有很多以"无"开头的词语,而本书书名中的"无退休"是我们采访组自造的词——在表示因年老而离开工作岗位的"退休"前加上"无",意指"退休生活正逐渐从我们的人生中消失"。

"我也觉得有这个趋势。终于有媒体开始关注了。"

"估计自己的晚年也只有这一种可能。"

这样想的人应该不在少数。在日本,"少子老龄化"与"人口负增长"一直以来是社会关注的焦点。而贫富差距逐年拉大,新冠疫情引发经济衰退和失业潮,更加剧了未来生活的不确定性。"能否安享晚年"已然成为日本社会的普遍担忧。

如果老年人口继续增长,就业人口继续下降,我们人生的最后阶段将迎来巨变……不管是否已经察觉到,大部分日本人想必或多或少都有所感知了。

那么，"退休生活的消失"具体意味着什么？或许你会联想到一个不得不活到老干到老的社会，又或者脑海中浮现出身体健朗、精力充沛的新时代老年人形象。

这两种未来都有可能成为现实。

在工地周边疏导车辆和行人的保安员中，办公楼里身穿工服的保洁员中，年过七旬的老人变多了；一些企业开始积极聘用老年人，有人退休后又找了一份新工作，或者移居到乡村开启第二人生。这些早已不是新鲜事。然而与此同时，一些中年上班族还没熬到退休就已经在公司失去了立足之地；许多属于非正式员工[①]的单身青年男女在为几十年后的退休生活而焦虑。

本书收录了我们对这些人群的采访内容。他们当中既有走在无退休时代前列的老年人，还有不少站在人生的岔路口，对后半生感到迷茫的中年人和青年人。同时我们还就采访中感受到的压抑等日本社会存在的问题以及解决问题的途径咨询了多位专家的意见。读完本书后，相信你会理解"无退休"一词同时具有积极和消极的双重含义。

[①] 指除与公司直接签订无固定期限劳动合同的正式员工之外的其他员工，包括合同工、派遣工、临时工等。——译者注，下同

本书原为 2019 年至 2020 年刊登在《朝日新闻》上的系列专题"老化的日本"的一部分，该系列聚焦日本少子老龄化与人口负增长所带来的各种问题。采访记者年龄从 30 多岁到 50 多岁，涵盖多个年龄段。他们在采访期间也在思索自己的人生下半场，和本书的各位读者一样，也在寻找对无退休社会生活的启示。

本书问世前一年，也就是 2020 年，新冠疫情席卷全球。世界被阴霾笼罩，就连一个月之后的社会形势也难以预测。除了疫情，市场国际化、日本经济萎靡、温室效应引发的气候变化、东亚地区安全形势变化等，国内外形势充斥着各种不确定因素。

但只有一件事可以肯定，那就是老年人口将在不远的未来急速增加。无论时代怎样变化，人都会老去。这也是永恒不变的事实。"无退休社会"是我们每个人无一例外都要面对的现实。

随着医疗技术的飞速发展，尤其在世界上数一数二的长寿国日本，国民的平均寿命今后或将继续延长。讽刺地说，这也就意味着日本将进入"活不好也死不了的时代"。

百岁人生时代的到来究竟是"实现了人类的长寿梦"，还是"加剧了长寿风险"？这取决于我们的选择与行动。请跟随书中的人物，一起探索无退休社会的生活方式吧。

2021 年 2 月

《朝日新闻》编辑委员

"无退休社会"特别采访组组长 真锅弘树

（书中人物的头衔和年龄均为采访当时信息）

序　章

消失的"退休生活"

➡ 悄然逼近的不安

退休生活从我们的人生中消失，活到老干到老取而代之成为常态……这样的时代正在向我们逼近。

只靠养老金和努力攒下的积蓄，退休后会不会不够用？对晚年的担忧已悄然来到我们身边。看来我们即将迎来晚年还要继续工作的"无退休社会"。

走访奋战在工作岗位的老年人之前，先来思考笼罩着这个国家的双重压抑——个人和社会所面临的绝境。

一位经历过"家里蹲"的30多岁女士在接受采访时说：

"想到自己几十年后的老年生活就很害怕。恐怕最后只能死在街头……"

一项针对没有正式工作的35~44岁单身女性进行的调查甚至收到了这样的回复：

"光靠养老金连养老院都住不起。我大概会一个人死在家里吧。"

"希望国家开设专为老人提供安乐死服务的机构。"

越来越多的人不敢去想自己的晚年生活。"二战"后，日本平均寿命逐年攀升，成为世界第一的长寿国家。百岁以上老人的人数不断增加，2020年突破八万人。"长寿"一直是人类追求的梦想，而在人类史上第一个实现"长寿"的国家，却有越来越多的人对晚年生活感到不安。这是多么讽刺的事实啊。

➡ 生活困窘的人们

我们处在一个关注"长寿风险"，谈及晚年会想到"安乐死"的时代。这个时代诞生的背景是从21世纪初开始蚕食日本社会的贫富分化。

在日本昭和时代，人们坚信"全民皆中产"终会实现，即使每年收入涨幅有限，也对未来充满希望。如今这样的时代早已远去。20世纪90年代泡沫经济破裂后，经济陷入长期萧条，家庭收入遭受重创。

日本厚生劳动省开展的国民生活基础调查显示，家庭年收入中位数（将家庭年收入由高到低排列时处于最中间位置家庭的收入）从泡沫经济末期的20世纪90年代中期开始持续下降或持平，到2018年降至437万日元。2019年，金融厅金融审议会报告中提出的"养老金缺口2000万日元问题"[①]之所以引发舆论热议，或许就是因为它用数字直观地呈现出了人们对经济的担忧。

贫困人口也在增加。日本的相对贫困率（低于全国国民可支配收入中位数50%的人口比重）在七国集团（G7）中高居第二，不得不说日本已沦为"格差社会"（贫富分化社会）。

除了收入下降，还有许多因素导致越来越多的人生活陷入困境。

最具代表性的是在就业冰河期步入社会的冰河期世代，又称"迷失的一代"（Lost Generation）。20世纪90年代中期至21世纪前5年，企业因业绩不佳大幅缩减应届生招聘规模，同时政府放宽限制，允许多个行业雇佣劳务派遣工。迷失的一代恰巧在这时毕业找工作，他们当中很多人以非正式员工身份入职，直到中年依然没有稳定的工作、收入和社会地位。

[①] 日本金融厅发布的报告《老龄社会下的资产形成与管理》推算，日本老龄无业夫妻平均每月收入低于支出约5万日元，若该情况持续30年，则将面临约2000万日元的生活资金缺口。

中老年"家里蹲"以及老年父母与同住子女的危机，即"7040现象""8050现象"①也与这代人的不走运密切相关。就业不稳定问题蔓延至其他世代。2019年非正式员工占总就业人口的38.2%，较上年增长0.4个百分点，创历史新高。

与此同时，家庭形态也开始出现变化。从家庭类型来看，"单身户"比例在2015年增至约35%，超过"夫妻二人家庭"和"夫妻与子女家庭"，成为多数派。再看50岁未婚人口比例，即终身未婚率，男性约每四人中有一人、女性每七人中有一人终身未婚，且这一数字预计未来将继续升高。

女性平均寿命高于男性，将来成为老年单身户的可能性更高，贫困风险更大。国际医疗福祉大学教授稻垣诚一推算，未婚及离异单身老年女性的贫困率会持续上升，二十年后约四成人符合最低生活保障的申请条件，四十年后这一规模将超过半数。第3章中将会对上述内容详述。本章开头几位女士对未来的"绝望"在这些数字中得到了印证。

---

① 指七八十岁的老年父母照顾四五十岁中年子女的现象。子女大多年轻时遭遇就业难、校园霸凌等并因此排斥社会，长年蜗居在父母家中，靠啃老维持生活。

➥ 国家也很压抑

在这个国家,感到压抑的不仅是个人。日本社会发展也面临着巨大困难。

日本人口将在未来几十年间持续减少。这一趋势已由人口推算证实。和其他研究社会经济的学科相比,人口学推算的未来人口趋势具有很高的精确度。而且在人口惯性的作用下,即便日本今后采取的人口增加政策收效显著,出生率激增,人口下降趋势仍会持续半个世纪。而日本国立社会保障与人口问题研究所预测,如果不采取任何有效措施,日本人口将会飞速减少,峰值时一年减少100万人,相当于每年失去一个和仙台同等规模的城市。

1.2亿余人规模的生产、消费和财政将在几十年内迅速萎缩。日本能否经得起这样的变革?人们的收入少了,消费少了,税收少了。劳动力短缺愈发严峻,供需双向缩水使经济萎靡不振,国家整体实力日渐衰退。

在人口减少的同时,老年人口比重持续增长,就业人口规模逐渐缩小,进一步加剧问题的严重性。这就是后文将讲述的"人口负债"。上述研究所推算,老龄化比例将在2040年达到35%,2060年达到40%,一场史无前例的人口大变局即将席卷日本。

2017年,时任首相安倍晋三将人口减少和少子老龄化称为"国难"。现在看来这样讲毫不夸张。

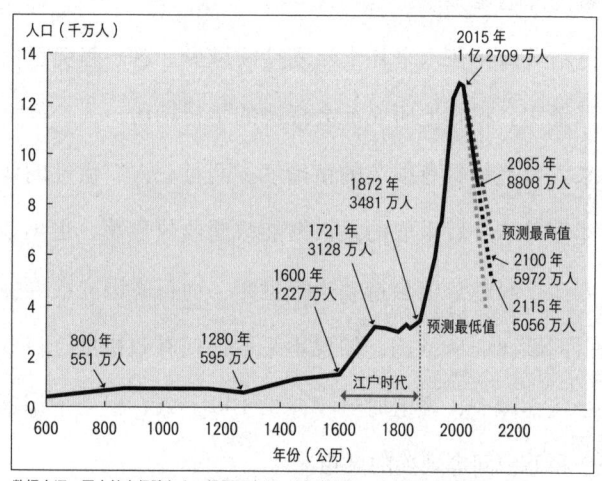

日本人口变化的历史趋势

数据来源:国立社会保障与人口问题研究所、内阁统计局、总务省统计局等机构资料

➡ 有史以来最大的转折点

国立社会保障与人口问题研究所前副所长、明治大学特任教授金子隆一把日本面临的这场危机形容为"有史以来最大的转折点"。日本人口在2008年达到峰值后开始回落,今

后下降速度将逐渐加快，最终一发不可收拾。这个国家的人口在"二战"后高速成长期的1967年突破一亿，预计在2050年之后又将跌破一亿。金子教授指出，"虽然人口规模都是一亿，但结构上有天壤之别。"

"在2050年的人口金字塔中，团块次代①的老年人口比例会非常突出。人口结构仅用八十年左右就出现如此大的变化，这在世界历史上也是前所未有的。"

金子教授认为问题出在"人口抚养比"。该系数表示15~64岁的抚养人口与被抚养的少儿及老年人口（0~14岁，65岁以上）的比值，反映了一名劳动力除自己之外还要抚养几个人。在"二战"后的一段时间内，人口抚养比维持在40%左右，也就是说五个人抚养两个人即可。抚养负担减少而产生的剩余价值成为此后经济发展的投资，这种现象在人口学上被称为"人口红利"。

"但千万不要以为这么划算的时代会一直持续下去。据推算，人口抚养比将在2065年上升至94.5%，相当于一个劳动力就需要抚养一个儿童或老年。这种负担称为'人口负债'。日本的社会体系是根据人口红利带动经济与人口增长

---

① 指1971~1974年日本第二次婴儿潮时期出生的人。

的上升期建立的，不符合下降期的需求。一场根本性的改革势在必行。"

当需要就业人口抚养的老年和少儿人口逼近日本总人口的一半时，现行社会保障制度能否正常运行都将是未知数。人们的"养老焦虑"和国家上调老年人医疗费自负比例①归根结底都源于人口危机。今后日本注定要为疏于治理人口问题而造成的后果"埋单"。

➤ "2040年问题"的"定时炸弹"

日本何时将迎来人口负债最严重的时期？现在学者和政府最担忧的是"2040年问题"。2040年前后，团块次代这一庞大的人口群体步入老年，老龄人口数量将创新高。如前文所述，这代人被称作"迷失的一代"，经济基础薄弱，单身率高。到那时，日本社会将面临存亡危机。

这好比一个"定时炸弹"。不论哪个政党执政，谁当首相，时间一到自然会"爆炸"。导火索长度仅仅二十年，一

---

① 2022年10月1日起，日本将75岁以上且有一定收入的老年人的医疗费自负比例从10%上调至20%。

场"无声的灾难"将在不远的将来冲击日本，无论个人还是国家都将受其影响。日本究竟能否找到化险为夷的良方？

"解决问题的关键就在老年人身上。"金子教授分析道。

"和过去的65岁相比，如今的65岁人群健康水平显著提高。如果用平均剩余寿命来定义，那么到2064年，80岁以上才算老年人。这样计算，人口抚养比就会降到40%左右，和处于人口增长期的昭和时代差不多。"

有一个人物充分展现了昭和时代与令和时代老年人的不同，他就是"波平先生"——昭和时代的国民漫画《海螺小姐》[①]中一家子的顶梁柱矶野波平。

➡ 昭和与令和，两个时代的"波平先生"

波平先生有点谢顶，喜欢摆弄盆栽，在家时总穿一身和服。他虽然还去公司上班，但已是一副退休老年人的风貌。二儿子鲣男和三女儿裙带菜还在上小学，大女儿海螺已经成家，还给他生了个外孙鳕夫。用现代城市人的眼光来看，波

---

① 日本漫画家长谷川町子发表的四格漫画，主要讲述发生在女主角河豚田海螺身边的生活趣事。

平的年龄应该在 65~70 岁左右，而故事中的波平才 54 岁。该四格漫画于 20 世纪 50 年代正式开始在《朝日新闻》上连载，当时企业的退休年龄普遍是 55 岁，波平的设定正是一个临近退休的人物。

那个时期的日本与现代相比，人生长度有很大不同。当时平均寿命是 60 多岁，就算退休后马上开始领养老金，多数人领十年左右就走到了人生终点。这种情况下，生活资金不会见底，养老金也不会增加财政压力。这便是昭和时代的"老年人"。

如今，男女平均寿命均已突破 80 岁。55 岁不过是人生中段，即便 65 岁退休，还剩下将近二十年。如果用金子教授的算法，以剩余寿命为标准，不要说 60 岁，把 70 岁老人纳入就业人口也不为过。令和时代的波平想早早退休可没那么容易。

日本老年医学会调查发现，现代老年人身心机能开始老化的时期较过去推迟了五到十年，甚至还出现身心机能年轻化的现象。不仅如此，现在的老年人除了健康寿命提高，受教育程度和工作能力也有所提升。人工智能等信息技术也可以用来弥补年龄上的短板。可以说在当今社会，年龄已不再是衡量"是否该退居幕后"的标准，老年人也可以继续发光发热。

➥ "一亿总活跃"的心声

日本政府也开始采取措施，试图把更多的老年人留在工作岗位上。安倍政府打出的口号"一亿总活跃"仍记忆犹新。在 2019 年 10 月 4 日的临时国会施政演讲中，时任首相安倍晋三表示："（老年人的）丰富经验和智慧是日本社会的巨大财富。国家将为有工作意愿的老年人提供能够工作到 70 岁的就业机会。"

次年 4 月，政府如约通过《新版老年人就业稳定法》等相关法规，将"为员工提供能够工作到 70 岁的就业机会"规定为企业的努力义务[①]。原版法规规定企业有义务通过取消退休制、上调退休年龄、返聘续聘等形式为员工创造能够工作到 65 岁的就业环境。新版将该年限延长到 70 岁，并在原有的三种形式的基础上，增加了到其他公司再就业、签订业务

---

① 在日本法律中，"努力义务"与属于强制性规定的"义务"不同，不具有法律约束力，不伴随处罚。《新版老年人就业稳定法》规定退休年龄下限为 60 岁，为 60~65 岁员工提供就业机会为义务，为 65~70 岁员工提供就业机会为努力义务。

委托协议、支持创业、支持参与社会贡献项目四个选项。同时政府计划在未来将努力义务调整为义务，其目的显然是为了增加养老保险等社会保险的参保人数。

鉴于就业人口逐渐减少，促进老年人再就业的重要性不可否认。但另一方面，政府的方针令人担忧。因为目前政策重点放在了竭力控制老年人口增长所导致的公共支出增加上。新冠疫情期间，政府呼吁民众"有困难就申请"，却一直以来极力削减国民陷入贫困后的最后一道防线——最低生活保障。人步入老年后，对疾病的抵抗力和基础体能下降，容易突发健康问题。出现问题时如果没有切实保障稳定生活的安全网，老年人将无法安心工作。

➡ 是反乌托邦，还是人生的丰收期

菅义伟接替安倍出任首相后，提出打造"自助、共助、公助"社会的目标。这个目标看似合乎情理，但关键要看三者之间的比例。

"首先靠自己的力量，其次是地区之间、亲人之间互帮互助。在此基础上，政府通过安全网保障人民生活。"菅义伟这样解释。把这一方针直接运用到无退休社会恐怕会很不人性化。65岁以上老人的身心健康状况参差不齐，有的活力十足，工作不输年轻人，有的则需要全方位照料。如果让所有人都先自助，那些因病或衰老不能工作的人，以及干再多也挣不够生活费的人将会走投无路。

再者如前文所述，即将步入老年的一代人中，很多人在就业冰河期走上社会，现在仍被迫从事非正式工作或廉价劳动。到了人生的最后阶段还要自行承受时代的不公，遭受"不劳动者不得食"强迫性观念的煎熬，这样一个不宽容的社会未来是黑暗的，是反乌托邦。

"预计2040年死亡人数将达到168万人，刷新非战争死亡人数的历史纪录。这168万个灵魂最终将以什么样的状态踏上旅途，这将象征日本的百年命运。"将在第1章里出场的中央大学教授宫本太郎在接受我们的采访时这样说。这是对我们如何走完生命最后一程的考验。

昭和时代的日本社会，所有人同乘一班单向列车前进，到了一定年纪同时下车。而今后，千篇一律的老年生活将不复存在。按时退休，领着养老金享受不用工作的漫长晚年，这样的"波平先生"无疑会成为少数派。过去那些关于老年生活的常识将不再适用。

"无退休社会"即将到来,我们每个人都需要重新设计自己的后半生。65岁以后的人生是在"责任自负"的诅咒中度过的黑暗的未来,还是变成充实多彩的人生收获期?本书将讲述人们对后半生的想法、抉择和行动。

第 1 章

老年保安员

——为何再苦再累也要"干到老"

➡ 职业介绍所里的 71 岁老人

"无退休"专题的诞生源于一次偶遇。

那是 2019 年的一个秋日，东京池袋的公共职业介绍所，在男青年和抱小孩的妇女当中，一位老人的身影引起了我们的注意。

他白发苍苍，头戴藏青色的帽子，帽檐压得很低，手拎背包，步履略显蹒跚。在采访中，他断断续续地向我们讲述了自己的经历。

这位老人 71 岁，和 65 岁的妻子一起住在东京都板桥区月租 3 万日元的出租屋，靠每月 7 万日元的养老金和妻子做兼职收银员的几万日元维持生计。老人做了 20 年公交司机，直到 2018 年因担心年纪大开车出危险，便辞去了工作。然而辞职后生活很拮据，一天吃满三餐都有困难。几个月前，老人开始光顾职业介绍所，而这里介绍的工作大多是仓库里的轻体力活，收入比过去低了很多。

"没想到这把年纪还要找工作。过了 70 岁，能干的工作就很少了。"老人感叹道。

有些职业的 70 岁以上从业者人数在逐年增加,其中之一是保安员。其中的代表性工作是交通疏导员,负责在封闭施工路段等工地引导车辆和行人安全通行[1]。

保安行业长期处于劳动力短缺状态,工资却很低,长时间站在户外对身体也是一项考验。而我们遇到了几位老人通过这份工作重拾对生活的希望。

➡ 为什么做苦差事

新冠疫情期间,"必要行业工作者"(essential worker)受到社会关注。他们不同于可以远程办公的文员,必须去现场工作。因为这类工作不可缺少,不管刮风下雨都要到岗。

2019 年 10 月 25 日,千叶县遭遇创纪录大暴雨。在风雨交加的超市建筑工地上,柏耕一正在引导水泥运输车。便利店买来的雨衣防水功能有限,他的裤子全被淋湿了。

"那么累的活,一年也遇不到几次。那天可是累坏了。"

---

[1] 日本将保安工作分为四类:设施保安、交通疏导及秩序维护、贵重物品押运和人身安全保卫,老年保安员大多从事第一类或第二类工作。

1946年出生的柏耕一那年73岁，为什么一直坚持做这份日薪9000日元的苦差事？他坦言："65岁以上的人，不当保安，就没有地方要了。"

柏耕一过去经营一家图书编辑工作室，30多年来推出了300多本图书，销量超10万册的就有90本。"业绩好的时候，工资加其他开销，一年能花1000万日元。"然而，公私混淆让他吃了苦头。柏耕一沉迷赌马，房地产投资也以失败告终。疏于管理最终导致公司欠税2500万日元，令他付出了沉重代价。

他拜托客户预支200万日元用于补缴税款，信用也因此一落千丈。大约10年前，他策划的一本减肥书籍热销，接收版税的公司账户却被查封了。柏耕一的工作热情大受打击，公司的销售额也出现"大滑坡"。

由于是个体户，国民年金[①]缴费年数长，老两口的养老金加在一起每月也就6万日元左右。他们卖房后搬进一间月租6.6万日元的出租屋，必须赚出房租和生活费。而来钱快、68岁也能干的工作就只有保安员了。税前月薪大约18万日

[①] 日本的养老保险制度称"年金制度"，主要包括国民年金（20～59岁国民参保）、厚生年金（仅公司职员和公务员参保）、企业年金（由企业自行运作）和个人年金等。前两者属于公共年金，后两者属于私人年金。

元，这部分收入没有被税务局扣留。

起初柏耕一干得很累。因为怕工作中碰到熟人，他避开了千叶县柏市内家附近的工作，专挑需要坐电车一个多小时才能到的地方。一个冬日凌晨4点，在东京赤坂的工地上，严寒和困意令身体不听使唤，不小心摔了个屁股蹲；还有一次凌晨，民营铁路沿线工地的工作结束后到站前商铺的屋檐下，在寒风呼啸中等待首班车。这些经历让他深深地感到凄凉。

柏耕一68岁开始当保安员

➥ 70 岁以上占八成

进入保安公司后,柏耕一惊讶地发现这个行业里有很多老年人,甚至还有 80 多岁的。听现在这家公司的社长说,70 岁以上的员工占八成。

"这里是逐步迈入超高龄社会的日本的缩影。"这种感受愈发强烈。交通疏导员经常被来往车辆的司机骂,他们也自嘲这是"最底层的工作"。如果把这个行业的现状和从业者的人生百态写成书,肯定很受欢迎 —— 柏耕一心中的出版热情又一次燃起了。

于是,柏耕一完成了《交通疏导员疲惫日记》(三五馆新社)一书。以"73 岁那年,我也要头顶烈日,一早开始上工地"作为宣传语,于 2019 年 7 月出版。初版 4000 册,后多次加印,总销量 6.7 万册(截至 2020 年 10 月),火了一把。

一位读者在寄来的明信片上写道:"退休后继续工作虽然也是为了生计迫不得已,但能为社会做出贡献真是了不起。"这句话令柏耕一倍感欣慰。

清算了负债累累的公司,从被查封的恐惧中解脱出来,如今柏耕一已经找回了最宝贵的事物 —— 作为编辑再创佳绩的希望。梦想或许无法成真,但只要有希望,再苦再累也不怕。

在他看来，保安员的工作为人生带来了转机。

"有份工作对老年人是一种救赎。一想到自己能干到80岁，就觉得很安心。"

这份工作点燃了柏耕一重拾"老本行"的热情。他要活到老干到老，只要临终前能觉得"这辈子过得有意思"就足够了。或许这只是一个奢望，但他有信心。"就是不知道身体会不会出问题，毕竟我还有糖尿病的老毛病呢。"

➥ 疫情期间用工需求依旧旺盛

2020年初，新冠疫情使日本全国停摆，直到5月下旬至6月初，排班才陆续恢复正常。那时，步入74岁的柏耕一和两三名保安员一起被派到千叶县浦安市的自来水管道施工现场，负责交通疏导。

这份长达20天的工作很辛苦。早上5点起床，8点到工地换上工装，做好准备，9点上岗后一直干到下午6点。回到家已经是晚上8点。这样的日子持续了20天。"天很闷热，还突然下雨，累得筋疲力尽了，"他苦笑道，"要是轻松点的工作，下午三四点就收工了。"

除了长时间劳动和通勤，还有一个因素让柏耕一尤感疲惫，那就是施工公司的监工。"监工40来岁，动不动就瞧不起保安员。我看不惯他那个劲儿。除了工作时长，和工友、监工合不合得来也决定了工作累不累。"

疫情对柏耕一的工作影响很大。政府发布紧急事态宣言的4月只出工了3天。那段时间，他在千叶县内一家大型柏青哥店①负责引导车辆进出停车场。4名保安员轮流排班，每天两班倒，周末也要出工。然而，4月7日店铺没有提前通知就突然停业，令他一下子没了工作。

接下来的5月受到黄金周和紧急事态宣言影响，只出工了7天。4月和5月的收入只有9万日元。

柏耕一认识的一名同行也遭遇了工作"滑铁卢"，整个4月没有出工。60多岁的他和妻子及40多岁的儿子共同生活，妻子体弱不能干活，儿子也没有工作。柏耕一建议他向社会福祉协议会申请"紧急小额资金"特例贷款。

不过，柏耕一在和一名60多岁和三名70多岁的保安员聊天时，他们表示工作量没有明显减少。柏耕一认为："交通疏导的工作地点集中在燃气和自来水管道更换、新建以及电

---

① 一种经营弹珠机游戏的店铺。

缆维修架设的施工工地。这些工地多位于户外，不容易形成'三密'[1]，所以今后工作应该不会有明显减少。"

从各职业的有效求人倍率[2]来看，紧急事态宣言发布的2020年4月，所有职业平均有效求人倍率为1.13，这一数字在6月跌破1，8月和11月分别为0.95和1.00，依然维持在低位。相较之下，包括保安员在内的"安保工作"的有效求人倍率在5月降至5.74后开始恢复，11月回升到6.58。

"安保工作虽然不起眼，但不容易受到疫情这类大的外部因素影响。这也许说明保安是与人们的社会生活息息相关、不可或缺的工作。"

➥ 这份工作拯救了我

工作可以拯救一个人的灵魂。

采访在东京多摩地区当保安员的77岁男士阿正时，我发出了这样的感慨。

"我们不知道什么时候来活，等待的过程很煎熬，但能

---
[1] 指密闭空间、密集人群、密切接触。
[2] 有效求人倍率是指劳动力市场需求人数与求职人数之比，数值越高表示求职者越容易找到工作。

感觉到这份工作对社会做出了贡献。"

阿正所在的保安公司里，负责应对疑似燃气泄漏等突发紧急维修任务的五名队员，包括阿正在内都是70多岁。"大家都是同龄人，性格合得来，在一起工作很愉快。能在这里工作是我的荣幸。"

工作并不轻松。比如在2020年10月跟踪采访的期间，就遇到过这样的任务。

○ 周日傍晚6点，正在吃晚饭的阿正想着"今天应该没活了"，突然接到公司电话，"有急活，这就去接你"。阿正立即换上工装待命。事故现场离家车程40分钟，而接到电话的一小时之后，他已经在现场开始工作。一起燃气泄漏事故导致周边100米见方的区域被封锁，几辆消防车和警车闪着红色警示灯。阿正在紧张地疏导来往车辆，直到次日凌晨2点才结束工作。

○ 一个工作日，阿正结束了一份下午1点到4点的"轻松活"，在回去的路上又接到"晚上来活了"的通知。于是他晚上8点再次上岗，一直忙到次日凌晨1点，中间还淋了一场雨。当他回到家喝上热烧酒暖身子的时候，听到了门外早报投递进来的声响。

阿正讲述着工作的艰辛，脸上却神采奕奕。

一年前还没进入这行时，阿正的精神状态和现在截然不同。"兜里只剩下 1500 日元，真的走投无路了。"

阿正的人生有过几次波澜。高中毕业后，他响应集体就业①号召离开九州到东京工作，先是进了一家相机配件厂，高度经济增长期时又换到一家广告公司，30 岁时就拿到 40 多万日元月薪，体验了"繁荣年代"。

但出于职场人际关系等原因，阿正换过几次工作。即将 60 岁时，他和陪伴自己多年的老伴离婚了。

离开家的阿正靠储蓄和养老金为生，日子过得越来越艰难。甚至有时候，在两个月一次的养老金发放日，银行刚一开门他就冲进去取钱，随即跑到牛肉饭小馆解馋。

当账户余额见底，手头的现金也所剩无几时，他走进了公共职业介绍所，碰巧赶上一场人才招聘会。年过 75 岁的他看了介绍给自己的四家"接受 75 岁以上应聘者的公司"，走到了排在最上面的保安公司的展位。他的人生从此迎来转机。

"和对方交谈时，我感觉他是个好人。他耐心地和我聊

---

① 地方城市的初高中毕业生集体前往大城市就业，是 20 世纪 50~70 年代日本采取的一种雇佣形式。

了一个小时,让我看到了重拾生活的希望。"阿正回忆道。

第二周,阿正带着简历正式参加面试,获得了工作机会。他本想先从小额贷款公司借出半个月的生活费,没想到公司为他支付了"培训费",帮他撑到了下个工资日。

工作后,生活费从每月十几万日元的工资里出,养老金能够存起来,以备将来不时之需,"感觉活着更快乐了"。过去为治疗疑难病,他申请了医疗补助,而现在他主动去市政府办理了终止领取手续。

对阿正来说,最幸运的是遇到了一群性格相投的工友。刚开始当保安员半年左右的时候,他也为职场的人际关系苦恼了一阵。那时,他向一位信得过的同龄工友倾诉,对方建议他"让自己变得更强,不要在意别人的眼光",这让他一下子释然了。

另一位接受采访的男士(75岁)高中时是一名国家级运动员,他引导车辆时身姿敏捷,根本看不出已年逾古稀。

这位男士年近四十时成立了一家房地产中介公司,员工规模一度超过60人。然而泡沫经济破裂后,公司破产了。之后他继续在房地产行业打拼,用15年时间还清了3000万日元负债。

70岁那年,他当上了保安员。"干一天拿一天的钱,这种感觉很不可思议。"之所以有这样的感受，是因为他的大半生都是在零底薪、全靠提成的职场中度过的。回忆起那时的经历，他说："做销售的公司，每个员工都有自己的业绩表。每月初业绩归零，从头开始拼，拼得我快崩溃了。"

这位男士和阿正，老年后从事保安工作的二人都提到职场的人际关系很融洽，"工友里性格开朗的人很多""人多干得更开心"。

➥ 目标是"营造愉快的工作环境"

阿正所在的"城市综合保安公司"的办公室位于从JR立川站徒步10分钟的住宅区一角，由民宅改造而成。外观和室内装修巧妙地运用木材营造出柔和的氛围，令人印象深刻。提到保安公司，总会不由得联想到硬汉型的办公环境，这种反差出乎我们的意料。

接待我们的是社长设乐三惠（63岁）。这家公司原本是她父亲经营的管道工程公司的一个部门"保安部"。她母亲将该部门独立出来，成立了公司。设乐30岁开始在一线做业务培训，积累经验，2006年从姐姐手中接过经营权，成为公司的第三任社长。

她说:"保安是个男性主导的行业,所以我一直努力不让别人瞧不起。"如今她还在970家公司加盟的东京都保安行业协会兼任女性分会副会长。

"不扩张规模"是设乐社长的经营方针。她认为:"以目前的人员规模,我和员工以及员工之间的关系都很近,更容易营造愉快的工作环境。"

现在公司的33名员工中,60～69岁有8人,70岁以上有15人。老年人成了公司的顶梁柱。年龄最大的是78岁。

城市综合保安公司的设乐三惠社长和员工阿正

设乐社长说："不要抱怨养老金不够用或者这把年纪还得工作，而要想'我还能继续干'，这种意识很重要。什么时候退休不应由年龄决定。只要有重新振作的魄力和决心，老年人也能继续工作。"

➡ 别强调这份工作有多苦

不过，并非所有人都像阿正那样感恩这份工作并在其中找到自己的价值。设乐社长坦率地说。

事实上，在做保安员、交通疏导员的人里，有些是"实在找不到其他工作，不得已才来干这行"。一些人无法摆脱"底层职业"标签的束缚，带着这种心态去工作，旁人就会以偏概全地认为"果然是个低等工作"。怎样才能打破这个恶性循环……

此外，设乐社长还再三嘱咐我们"不要强调保安工作的辛苦"。她也希望大众更多地看到保安员的努力和付出，但另一方面，"不论下雨下雪都要站在户外的苦差事"会加深求职者对保安工作的负面印象，让他们产生抗拒心理。这也是常年阻碍人才流入的一大原因。

"这世上没有轻松的工作。为了维持生计，我们每个人都在自己的岗位上努力奋斗着。不是吗？"

疫情之下，"必要行业工作者""无名英雄"成了热门词。"这样说或许有些夸张，但从事一份被人需要的工作，感觉到自己被人需要，这种自豪感会转化成自信。当这种自信体现在工作中时，世人对这个行业的评价就会有所改观，或许最终有助于斩断偏见的'恶性循环'。"设乐社长这样想。

➤ 老年人成为保安行业的主力军

就像我们在街上的工地经常看到的那样，老年人在保安员中的比例非常高，而且这一数字还在继续攀升。

警察厅每年公布的"保安行业概况"显示，截至2019年底，日本全国共有57万名保安员，其中60岁以上占45%。70岁以上比例有所升高，占全体的15%，相当于每七名保安中就有一名年过古稀。

施工单位或活动组织单位为从警方获得道路使用许可，必须配备一定数量的保安员。申请时需要提交封闭路段图，

各年龄层保安员人数的变化趋势

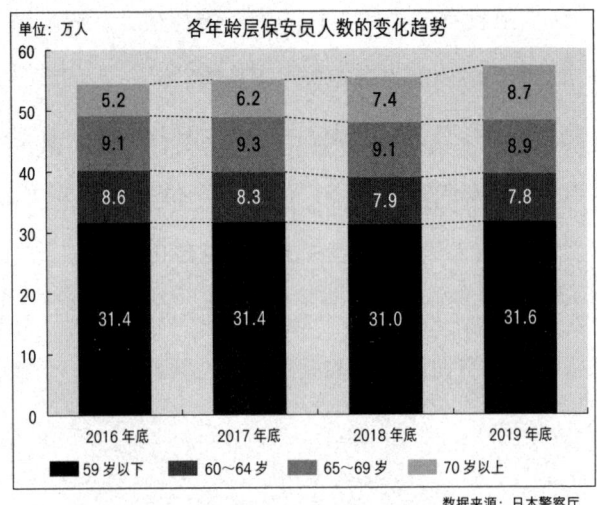

单位：万人

	2016年底	2017年底	2018年底	2019年底
70岁以上	5.2	6.2	7.4	8.7
65~69岁	9.1	9.3	9.1	8.9
60~64岁	8.6	8.3	7.9	7.8
59岁以下	31.4	31.4	31.0	31.6

数据来源：日本警察厅

70岁以上的老年保安员显著增加

注明保安员配置计划。保安人员达不到规定数量就拿不到许可。如果事后发现实际并未安排保安员，施工单位将受到处罚。

可见，由此产生的用工需求支撑着为"贴补养老金缺口"而出来工作的团块世代①的生活。

仙台大学副教授（安全保障论）田中智仁指出："在新冠疫情的影响下，保安公司也面临经营困难，但灾后重建项目

---

① 指1947~1949年日本第一次婴儿潮时期出生的人。

和老旧建筑重建工程的用工需求依旧稳定。"据他介绍，旅游和餐饮行业流失的劳动力最近也开始进入保安行业。

著有《从保安经济解读日本》（光文社）一书的田中有一段不同寻常的经历——他从上大学时开始当了十年保安员。

研究保安行业的仙台大学副教授田中智仁

"保安员通常来说是个'费力不讨好'的角色。比如交通疏导，司机想直行，我却必须把他拦下来，所以经常被当成撒气桶。骂人、拽衣领、推搡人的也不少见，甚至有司机向我扔烟头和塑料瓶。他们不把保安员当人看，这样做很伤人。"

田中回忆道。

我在一个住宅区附近的施工现场采访时,也曾目睹一名60来岁的男司机大骂交通疏导员后驾车扬长而去。望着默默忍受的疏导员,我作为旁观者也感到心痛。

不过田中也指出了另外一面。"反之,当我告知行人可以通行时,每次得到行人的回应,哪怕只是微微点头,也会很开心,觉得自己帮到了别人。这种感觉很不一样。说得夸张点,就好像自己的存在价值得到了证明。"

保安行业常年为劳动力短缺所困,前文中也提到,即便在疫情期间,求人倍率也已经恢复到往常水平。

"因为人手不足,只要不属于有犯罪前科、未满18岁等禁止条件的,即便走路颤颤巍巍也能得到工作机会。很多快沦为低保户或流浪汉的人都是靠保安员的工作挺过来的。"田中说。

不过,这个行业也有"真正的专家"——通过国家保安业务检定一级考试的人。据说他们一个人就能完成需要两个人来维持的交通疏导任务。在配备多名保安员的工地,保安员工作能力良莠不齐,如果有这样一个优秀人才,基本就不会出问题。田中介绍道:"因为有不少优秀的人喜欢干这行,行业才得以维系。"在大约57万名保安员中,"一级"资格证持有者仅有29800人(截至2019年底)。

➥ 待遇逐渐得到改善

日本全国共有9908家（截至2019年底）安保服务公司，五年增加了668家。除两家大型企业——西科姆（SECOM）和综合警备保障公司（ALSOK）以外，绝大多数都是保安员不到一百人的中小企业，占全体的约90%，不到十人的小微企业占到35%。不难想象，公司规模越小，和项目发包方谈判时越容易处于弱势。

统计数据显示，保安员的工资水平低于其他职业。

从2019年的固定工资来看，全行业的平均工资为30.77万日元，保安员的平均工资为20.83万日元。不过，这十万日元的差距可能反映了保安行业对年龄和资历的要求较低。另外，从2012～2019年的变化趋势来看，全行业的工资涨幅正好是1万日元，而保安员的工资涨了1.98万日元，二者之间的差距有缩小趋势。

影响保安员薪资水平的是国土交通省每年2月公布的公共工程设计劳务单价。该单价将劳动者本人的应得工资换算成日薪后算出，不是到手金额，而是包含了社会保险的个人负担部分。

从整体平均值来看，公共工程设计劳务单价于2011年度降至 13 047 日元后回升，2020 年升至 20 214 日元。新闻通稿中大力宣传"突破 2 万日元大关，创历史新高"，似乎在和夸示涨薪成果的"安倍经济学"相呼应。

在与公共工程有关的 51 个职业中，12 个主要职业的全国平均劳务单价也随之公布。其中交通疏导保安员 A 类（通过业务一级或二级考试者）的平均单价为 14 053 日元，B 类（其他）为 12 321 日元，较 2011 年增长近 5 000 日元（参见图表）。

劳务单价是计算公共工程报价时参考的人工费标准。官

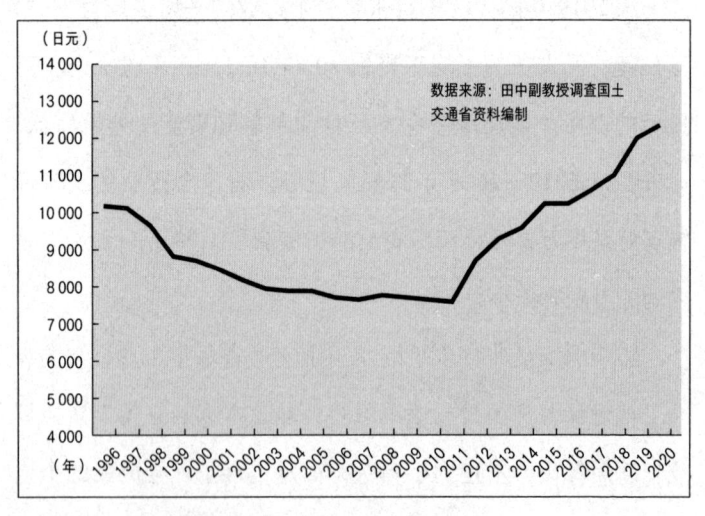

平均每日工作 8 小时的工资（含法定福利费）的单价。2010 年开始大幅上涨

劳务单价的变化趋势（交通疏导员 B 类）

方公布"指导价",旨在防止承包商恶意压价导致差价由分包商和劳动者承担的情况。同时,提高指导价也方便了分包公司提出涨价需求。城市综合保安公司的设乐社长也表示:"我们会参考劳务单价的涨幅,每年提高保安服务的收费标准。"

➥ 社会保险的参保情况不容乐观

2013年,一件事推动了劳务单价的上涨。

2012年,日本国土交通省提出"禁止社会保险未参保企业参与工程项目",并在《分包商社会保险参保指南》中明确规定,"严格落实政策,不选择未参保企业为分包商"。这一规定使保安费用中增加了社会保险费,客观上推动了劳务单价的提升。

一直以来,保安员以非正式员工居多。2012年,在未持有资格证的交通疏导员中,参加健康保险、厚生年金等社会保险的比例只有约20%。"目前缴纳社会保险正在逐渐形成社会共识,但老年保安员的参保仍然面临一些问题。"(田中)

田中从18岁进入大学开始打工当保安员,前后干了十年，其间有过一次难忘的经历。

那天工地上突然有人晕倒，田中叫来救护车陪他去医院，对方却在车上闹起来："我没钱，去不起医院。"他得的是压力性胃溃疡，因为没上健康保险，一直忍着不去看病，最后引起胃穿孔。田中还碰到过一个工友没上健康保险看不起病，牙疼也只能忍着。

为了缓解用工荒，提高行业的社会地位，2017年6月，全国保安行业协会发布了一份报告，其中收录了一份针对交通疏导及秩序维护类保安公司的社会保险参保情况的抽样调查结果（134家公司参与调查）。

公共医疗保险方面的结果不容乐观，"70岁以上的未参保比例非常高，达到24.6%"。关于未参保的原因，"员工个人不希望参保"高达85%。至于个人不希望参保的原因，99%回答"到手工资会变少"，45.3%回答"不清楚保险制度的内容和好处"。

➡ 被疾病压倒的前保安员

"扣掉社保，到手的钱就更少了，那可不行。""我身体很健康，用不着买保险。"

2013年10月，我们遇到了这样一位保安员。起因是寄到朝日新闻社的一封题为"护理保险法违宪"的投诉信。

寄信人65岁那年收到一张护理保险卡，向市政府和厚生劳动省咨询后，被告知"护理保险为强制参保，不能退保。不缴纳保险费就会被强制扣费"。寄信人认为："国家剥夺国民不接受护理的自由和注销护理保险的自由，侵犯了宪法保护的基本人权。"信中还提及他没有领养老金，也没有上健康保险。

我们见到寄信人小西雅昭，听他讲述了自己的经历。

小西在石油危机爆发的1973年从大学毕业。毕业后参加工作，却发现那是一家非法售卖"原始股"的诈骗公司，于是干了十个月就辞职了。他在另一家公司干到33岁，之后一直当"自由职业者"，大多在工厂当工人或保安员，长则几年，短则几天。据说他一共换过85次工作。

小西觉得"交社保没用"，所以一直选择不需要多交钱的工作方式。他没参加国民健康保险，也没去过医院。小西对自己的健康很有信心，身为佛教的虔诚信徒，他相信"信仰可以让自己活得健康"。

"等我不能工作，钱花光了，就绝食等死。到了要人护

接受行走康复训练的小西雅昭

理的地步,活着还有什么意思?更别提老年痴呆了。"

说这番话时,小西已经在一家保安公司干了三年。对于平均每年换三四次工作的他来说,这是一份罕见的稳定工作,使他可以从每年200万日元左右的工资中拿出40万存起来。他也有了自己的目标:80岁存够1000万日元。

➥ 护理保险救了我

然而四年后,一场突如其来的疾病找上了小西。那是他过完69岁生日后的第二个月，也就是2017年10月30日的上午8点，在横滨市内的建筑工地上。

晨会报到时，他想说"○○保安公司小西到"，却说不清楚。他听到周围人说"你怎么摇摇晃晃的?"，就一屁股坐在地上，准备站起来却又摔倒，就这样被救护车送到了医院。

他被诊断为蛛网膜下腔出血，五周后转到康复医院。3月30日出院时，距离摔倒的那天已将近五个月。

万幸的是，2010年入职的保安公司给他上了健康保险和厚生年金，刚好是在他病倒八个月之前。前文中也提到，国家鼓励公共工程的相关企业为员工缴纳社会保险。这次正好派上用场。住院期间的医疗费除了个人负担部分，其余都由健康保险支付，他还领到了伤病补助。

但小西左半边身体麻木，走路也不像从前那么自如了。他一次性补缴了两年的护理保险费，也接受了护理等级认定。他选择的是由每日上门护理、每周一次日间照料和上门康复服务组成的护理计划。

"当初说大话丢人了。我已经认识到自己的错误了。"小西低声说。

他还说："病倒时碰巧有工作，而且公司上了健康保险，真是不幸中的万幸。要是辞职后再病倒，日子肯定更不好过。"

不过，工作到80岁的人生计划破灭了。住院期间，小西不得已动用了240万日元的储蓄。当余额只剩下不到一个月的生活费时，他申请了低保。曾经表示"钱花光了就绝食等死"的他现在却说："我还要给护工付工钱，不领低保不行啊。"

➡ 85岁遇到年龄门槛

有一个人实现了小西"干到80岁"的梦想。

家住千叶县的千代荣一（85岁）在2020年4月前一直从事保安工作。工作地点位于千叶县内的一家柏青哥店，主要负责引导车辆进出停车场。每月上岗20天，早班是早7点半到下午3点半，晚班是下午3点半到晚11点半，月薪大约18万日元。

千代参加这家保安公司的面试时已是80岁高龄。"他们只招75岁以下的，所以我把年龄少报了一轮。"他调皮地笑了。

千代过去做粉刷工,生意最好时手下有 80 名工匠。他们承接大型建筑承包商的项目,参与过东京塔、东京著名剧院的建设工程。然而,给朋友做连带担保人的他为了替朋友还债,卖掉了自己的住房。虽然有一份金额和工资差不多的养老金,但女儿还和他住在一起。为了贴补公寓租金和生活费,他必须继续工作。

进入保安公司半年后,税务局反馈"他的出生日期有误",伪造年龄的事被公司知道了。但鉴于他工作认真负责,公司允许他继续干下去。千代说:"我总是站在摄像头能拍到的地方,好让经理放心。"

千代荣一在 80 岁时参加了保安公司的面试

千代原本打算在这个适合自己的岗位上多干几年,不料疫情暴发,柏青哥店被迫停业,他最终决定离开公司。之后他也去过公共职业介绍所,但因为"年龄门槛"找不到工作。据他讲,即便是欢迎老年人的职位,大多也要求"75岁以下"。

"只要有工作,不管什么我都愿意干。我的身体还好着呢。"千代遗憾地说。的确,他面色红润,腰板笔直,稳健的步伐看起来也就70多岁;声音也很年轻,口齿清晰,采访时感觉不到岁月的痕迹。

"电话里经常被人误会呢。'嗯?昭和十年(1935年)出生?应该是平成十年(1998年)吧?'"

千代身体健朗,只因为花粉症和牙疼去过医院。"但是,我也明白,雇一个85岁的,万一出什么事,公司要担责任的。"由于不能继续工作挣钱,他搬进了一处更便宜的出租屋。

➦ 工作是出于自愿,还是迫不得已

对老年保安员的采访让我们意识到,当下日本有很多人到了人生的最后阶段还在继续工作，或者说是为了生计不得不工作。

厚生劳动省发布的数据显示，2019年度公共职业介绍所新登记的65岁以上求职者人数增至约59万人，是10年前（2009年度，约32万人）的近1.9倍。此外，劳动政策研究与培训机构2015年发布的一项调查结果显示，在"60~69岁人群工作的最主要原因"中，"经济原因"比例最高，约占58.8%。

这样看来，2019年引发社会热议的"养老金缺口2000万日元问题"多了另一层含义。事情的起因是金融厅金融审议会在报告中指出，"以养老金为唯一收入来源的65岁以上无业家庭在20~30年的老年生活中，需要额外准备约2000万日元的生活资金"，引发中青年人群的焦虑，"退休生活原来需要那么多钱"。而在现实中，越来越多的老人几乎没有储蓄和养老金，只能靠继续工作维持基本生活。如果连能领到养老金的人都为生活费发愁，虽然程度不尽相同，可以想象大量老年人不得不在对经济的不安中惶惶度日。

长寿本应是一件好事，可在我们所处的这个社会，长寿却让人焦虑，成为人生中的头号风险。据2019年国民生活基础调查显示，在全国5178.5万个家庭（2019年，总务省统计局）中，年收入不足 300 万日元的家庭占三分之一。在 2019 年度内阁府的民意调查中，关于"在日常生活中感到烦恼或不安"的原因，选择"老年人生规划"的受访者最多，占 56.7%（可多选）。

对此，安倍首相在任期间提出"一亿总活跃"口号，调整政策促进老年人口就业。

在 2019 年 10 月 4 日召开的临时国会施政演讲中，安倍首相讲道：

"80% 的国民都希望 65 岁以后继续工作。（老年人的）丰富经验和智慧是日本社会的巨大财富。国家将为有工作意愿的老年人提供能够工作到 70 岁的就业机会。"

首相的这番话在网上激起千层浪。网民纷纷表示，"不工作就没饭吃了！""多数人工作不是自愿，而是迫不得已"。

据内阁府称，"80%"这个数字出自 2014 年度的"老年人日常生活意识调查"，分母是处于就业状态的受访者；在所有受访者中，这一比例约为 55%。

工作是出于自愿，还是为生活所迫？人们对晚年的焦虑不是一句华而不实的口号就能遮掩的。

➥ "新贫困阶层"的形成

为什么"不工作就活不下去"的老年人日渐增多？昭和时代的日本推行"全民皆中产"，一度建成了和社会主义国家比肩的平等社会。为什么如今这么多老年人不能退休，被迫在岗位上继续拼搏？

带着这个疑问，我们造访了研究福利政策的中央大学法学院教授宫本太郎。宫本教授在厚生劳动省社会保障审议会担任生活贫困者自立支持及生活保障部门会会长，并著有《共生保障帮扶战略》（岩波新书）等相关书籍，是社会保障领域的专家。

"当下日本的'新贫困阶层'正在日渐扩大。"

宫本教授直接点出了问题所在。

他解释道，日本过去用"国家""企业""家庭"的三重结构保障人民生活。国家通过护送船队式[①]的行政指导和公共事业建设扶持企业，企业按年功序列制向身为劳动力的男性支付工资，家庭则用这笔工资支付教育费用和住房贷款。鉴于三重结构在劳动力退休或生病辞职后无法继续运作，国

[①] "护送船队"为日本战后采取的金融监管体系，旨在通过政府的行政指导和各种金融监管措施维护金融环境的稳定。

家投入巨额税金，建立起以全体国民为对象的养老和医疗保险制度。但相应地，最低生活保障等福利支出被压低了。

而身处于三重结构之外的人越来越多。

"许多人伴随非正式雇佣规模的扩大被挤出三重结构，却又无法享受社会福利待遇，只能在夹缝中挣扎。这一群体的规模目前正在迅速增长。他们面临收入低、父母年迈需要照看、自身的身心问题等诸多困难。这个'新贫困阶层'出现在各个年龄段，老年人的贫困率也在上升。"

预计到 2040 年，老年人口将突破 3900 万人，而就业人口将减少 1700 万人。二者在数字上逐渐接近，相当于几乎每一个年轻劳动力就要负担一个老人。这种经常被形容为"骑脖子型"的状态或许还会进一步恶化。

若对已经凸显的老年人的社会孤立及贫困问题放任不管，年轻人的负担或将进一步加重，不得不肩负起大于自身体重数倍的重担，从"骑脖子型"变成"举重型"。宫本教授敲响警钟。

正因如此，本书的主题"老年人就业"才会受到关注。安倍前首相的"一亿总活跃"口号与老年人就业促进政策也是基于这一背景。本章中介绍的老年保安员们可谓走在时代的前列了。

宫本教授认为，老年人就业——即老年人超越"抚养"与"被抚养"的关系，在劳动中发挥自身能力——也可以是一个更现实的选项，但国家决不能忽视维护每一个老年人的尊严。

"如果政府发号施令鼓励老人活到老干到老，却忽视了有关生老病死的种种困难，那么号令只能成为空谈。就像在给老年人施压，要求他们个个'活得健康，走得干脆'，这就不对劲了。如果说'无退休'是不把晚年当作人生的附录倒还可以接受，但脱离实际的'无人生'政策就不该提倡了。"

本章中介绍的那些打算工作到生命最后一刻的老人们也在和年龄、体力、病痛的困难抗争中努力地活着。我们应如何尊重每一段人生，迎接即将到来的"无退休时代"？我们决不可迷失生活的意义，误入"无人生"的歧路。

从下一章开始，我们将走访最前线的老人和老人预备军，探寻这一问题的答案。

第 2 章

公司里的妖精大叔
——不工作的大叔们

➥ "妖精大叔"出现在员工食堂

在东京的一家小酒馆里，我（35岁）和学生时代的朋友（33岁）喝酒时听说了一件事。

几年前，朋友离开了毕业后进的第一家公司。那是一家日本知名的大型制造商，工资水平高，福利待遇完善，带薪休假落实率也很高，是不折不扣的"良心企业"。假如市场大幅衰退，日本的大多同行企业陷入困境，这家企业也绝对会活下来。现实中，在2020年很多企业受疫情影响转为亏损时，该企业虽然收益下滑，却依旧保持盈利。条件这么好的公司，为什么要辞职？朋友列举了几个原因后，说出了一个奇妙的词。

"公司里'早晨的妖精大叔'太多，也算是一个原因吧。"

早晨的妖精大叔？什么意思？"妖精"又是指什么？翻开字典，上面的解释是："（西洋传说、童话等故事中出现的）动植物、森林、湖泊等自然物体的灵魂。多以矮人形态出现。fairy。"（《新明解国语辞典》第五版）。

妖精！大型制造商里有妖精？

日后，朋友向我提议："你要想了解更多妖精大叔的事，我可以把命名人介绍给你。"那时我刚好在调查企业的"工作方式改革"，和现在采访的"无退休社会"主题也很契合，便请朋友务必介绍。

半个月后，在东京的一家咖啡馆，我听"命名人"女士（34岁）讲述了详情。

她说自己也在那家企业工作过，因为看不惯"妖精大叔"而辞职。这个妖精大叔究竟是何许人物？

据她讲，妖精大叔出没在那家企业的关东办公区。不用碰运气，只要仔细观察就能发现。他们总是早晨出现在食堂，上午9点消失。

"妖精大叔充分利用弹性工作制，早晨7点到公司打卡后去食堂吃掉便利店买来的早餐，再看会儿报纸，悠哉地混一两个小时。等快到9点，其他员工陆续到公司时，便悄悄地回到工位。因为只有早晨那几个小时能看到他们，所以叫他们妖精大叔。"

没错，所谓的妖精大叔，就是在这家公司上班的"不干活的奔六大叔"。

➡ 坐等退休的人

这位女士说，妖精大叔们差一步没能升到管理岗，经常装模作样地加班，还会只用食指打字的"一指禅"。领导也不愿意给他们分配工作，所以他们"白天总是在电脑前一动不动"。这个办公区有很多像这样的年近六旬的男员工，"基本上每个月都有退休欢送会"。

看来和我想象的不同，妖精大叔并不受欢迎，反而被大家疏远。

为什么会出现这种情况？女士分析了原因，"这或许是应届生统一招聘和终身雇佣制的弊端"。原本轻松的话题一下子沉重起来，还牵扯上了社会问题。

据她说，妖精大叔们在20世纪70~80年代被这家公司录用，最早在工厂做组装工。随着工厂不断向海外转移以及自动化、机械化的普及，很多人在年过五十后被调到总部的总务部门。

"公司不能解雇他们，又没有其他适合的岗位。他们对工作没有热情，每天只是坐等退休，年轻人看了自然会不爽。"她继续说道，"本以为再熬五年他们就退休了，谁想到几年前公司把退休年龄从60岁延到了65岁。我实在不想和那些大叔继续待在一起了。"

在这家公司干了将近十年的她,换到了一家"更有活力、节奏更快的"IT企业。听完年轻人视角的描述,我不由得有些同情妖精大叔了。

当事人又是什么心情呢？我决定动身去找妖精大叔。

一个星期五的傍晚,我在妖精大叔出没的办公楼附近的烤串店结识了一位在这家企业上班的男士(58岁)。他几乎每个工作日下午6点左右都会来喝杯啤酒再回家。家人住在静冈县,他自己被外派到东京上班。他每周末打网球,从不落下。脸晒得黝黑,头戴一顶棒球帽。男士说："女儿还在上大学,我得再干几年才行。"在我还没下定决心问他是不是"早晨的妖精大叔"时,他说"我今天还要回静冈",结完账就匆匆离开了。两串鸡肉串和两杯啤酒,一共790日元。

➥ 这里也有妖精大叔

如果"妖精大叔"存在的原因如那名女士所说,那么其他公司里肯定也有这种人。于是我和熟人打听,向几家公司发出了采访申请。在一家食品公司工作的男士以匿名为条件接受了采访。

"'妖精大叔'当然有很多。年轻的也不少。"

看来这家公司里的"妖精大叔"不只是中老年男性。这是怎么回事？

他为我描述了公司的氛围。据这位男士说，这家公司的员工过了40岁基本都会晋升管理岗。其中部分人会继续升职发迹，但多数人会在同一个职位干二十多年。

"有些人年纪轻轻就升到管理岗，而且印象中这种人越来越多。升到管理岗，待遇也会更优厚。这些人大多认真严谨，而公司要求他们工作中不许出错。所以，他们会尽全力做好分派给自己的工作，但换句话说，除此以外，他们什么也不干。"

据说这家公司的员工会在入职时被分配到的部门"待一辈子"。在这种体制下，"很多毫无意义的离奇规定被继承下来，比如盖章流程、领导审批申请手续等。从结果来看，他们的'认真严谨'反而大大降低了生产率。而且部门内上下级分明，基本都是论资排辈。"

于是，过了45岁后，再因为傻傻地卖力而被领导派了很多工作，这些人就会觉得很吃亏。工作方式自然而然出现了变化。

"他们的想法是：反正偷懒也不会被解雇，何况自己已经升到管理层，不可能被贬回普通员工。那就索性上面说什么就做什么，尽量别出差错。自己瞎搞容易吃亏。"

从某种意义上讲，这是对打工人人生的参悟，顿悟，不，应该是绝望吧。

男士继续说："他们坚持只做好被交办的工作，转眼就年过五十。现在他们早已忘记要去'努力'。不管是电脑操作，还是新工作的流程，就算现在开始学也追不上年轻人了。因为不会而不接触，不接触所以不会的越来越多。这不是职业素养的问题，而是纯粹的恶性循环。"

这种状态不会影响到公司的业绩吗？

"公司过去一直勉强维持盈利。不过受疫情影响，今后不知道会怎样。高层也希望给公司内部注入更多的活力，已经开始采取社招等对策了。"

➡ 疫情时期的工作方式与年轻一代的奋起

在进行一系列采访中，新冠疫情暴发。2020年春天紧急事态宣言发布后，远程办公迅速普及。这一史无前例的局面带动了工作方式的巨变。

"M&Partners International"是一家承接口译业务的公司，我们采访了社长桃原则子（61岁）。

"疫情改写了'优秀口译员'的定义。"

据她介绍，新冠疫情暴发后，线下举行的会议和记者招待会相继取消或延期，利用视频会议系统的口译工作增多。这样一来，译员需要在家独自完成口译。除口译能力之外，调节音效、独自处理通信故障的能力也变成口译员必须具备的重要能力和标准要求。

"如果译员的互联网应用技术不过硬，就算口译能力再强，我们也不敢派工作。过去口译员在会议现场的口译间工作，声音由工程师帮忙调试。现在完全不一样了。从公司的角度来说，如果能在口译服务的同时为客户提供网络会议系统的使用指导，那也会给公司加分，有助于提升效益。"

说起来，记者的采访方式也变了许多。利用网络会议进行的远程记者招待会成为主流，隔着电脑屏幕采访的情况也多了起来。远程办公的普及所带来的这些变化恐怕不只影响口译和媒体行业。对从业者的能力要求或许也开始发生变化。

和企业的管理者或人事负责人聊天时，经常听到这样的声音："远程办公普及后，能独立判断并推进工作的人和没有这种能力的人之间的差距更明显了。"真的是这样吗？研究人力资源开发的立教大学教授中原淳这样说：

"对于一直通过上班显示存在感，但没能给组织做出实际贡献的人来说，这是一个艰难的时代。渐渐地，开会也不会叫上他们。而另一方面，对于能独立判断并推进工作的人来说，远程办公是崭露头角的机会。省下的通勤时间和体力提高了生产率。疫情把原本就存在的个体差异放大得更明显了。"

确实周围人有些觉得远程办公更舒适，有些觉得更有压力。这种差异或许源于年代的不同。在更倾向于注重工作生活平衡的年轻人中，赞成远程办公的不在少数。因为这样既不用在通勤高峰挤地铁，还能在结束工作时瞬间切换到个人生活。中原教授指出："年轻人都希望自己的公司也能趁这个机会做出改变。"

相比之下，身居管理层的大多数中老年员工更看重面对面沟通，对远程办公持负面印象的比例很高。这可能也是因为他们觉得不在眼皮底下的下属不好管理吧。中原教授说："在这些人眼里，'远程办公导致生产效率下降，是疫情造成的灾难'。有人认为是希望，有人认为是灾难，可见人们对远程办公褒贬不一。"

还有人反映，领导担心下属借机偷懒，已经到了疑神疑鬼的地步。看来见不到彼此确实也有不方便沟通的一面。

➡ 远程办公时代的生存技巧

2020 年夏天，疫情暂时缓解，我有机会采访了一位应届入职东京一家 IT 企业的男子（23 岁）。他回顾了入职后的几个月，不好意思地说：

"我入职后直接在线上开始培训，前两个月一直待在家，没有和公司里的任何人见过面，直到 7 月才见到同期入职的人。老实说，工作内容特别轻松，干这么点活还拿工资，我觉得有点愧疚。往年的新人肯定能干更多的工作……"

刚入职的新人面对远程办公显得有些不知所措。

追踪妖精大叔的记者本人（35 岁）于 2010 年入职。比起自己的稿件被修改了哪些地方，我对公司内外的记者前辈给的建议印象更深。做高中棒球队采访时，前辈再三叮嘱，"先在观众席上找到想采访的选手的父母，了解他在家的生活情况，然后再去采访本人"。和同事喝酒聊天中学到的工作和人际交往技巧也比写稿子对我的帮助更大。难有这些机会的 2020 年新人起步恐怕要艰难许多。

中原教授指出，远程办公模式下面临困境的不仅是新人，还包括调动部门和换工作的人。对此，他给出了远程办公时代的生存技巧：

"一是让领导或同事看到自己的工作。通过邮件或聊天工具勤沟通。了解对方的情况有助于促进彼此信任。信任关系形成后，工作环境会得到改善。

"二是主动重新学习。现在从头学习基础 IT 知识也许是个不错的选择，也可以选择和工作相关的领域。那些不容易被解雇的日本企业员工应当意识到，学习机会只有自己特意创造才会出现。例如，如果能熟练掌握线上会议工具，生产率就能大幅提升。假如自己不会用，而周围人用这些工具迅速提高了生产率，就会被拉开差距。所以建议大家利用在家办公的机会，完成一次系统性的重新学习。"

➥ 我的丈夫曾经是"妖精大叔"

正当我们想听听"妖精大叔"本人怎么说时，我们收到了一位女士（54 岁）的邮件。她是个体户，家住东京都内，称丈夫曾经是"妖精大叔"。

这位女士的丈夫（57岁）在出版社当编辑，是个"木讷而认真的人"。据她说，他是在51岁那年变成"妖精大叔"的。

"他在出版社一直负责某个领域的书，当那个领域开始受到社会关注时，他的位置却被优秀的年轻编辑替代了。公司甚至没有告知他是不是能力原因。这件事令他身心一下子垮了。"

他从那时起，经常"颈椎疼，膝盖疼，腰疼"，身体不舒服的时候多了，半夜发呆的时间也长了。女士劝他去看心理医生，被他委婉拒绝。被委派的工作越来越少，"他想做更多的工作，却感觉自己不被公司需要，一直在夹缝里煎熬。在同事们眼里，他肯定是'妖精大叔'吧。"

想说辞职也不容易。家里有上高中和大学的孩子，正是用钱的时候。即便如此，女士还是鼓起勇气向丈夫提议："这些年你为公司付出了很多，已经足够了吧？要不要请几天假？或者直接辞职也可以啊。"但丈夫仍坚持去上班，一次也没有请过假。

几年后，一次理财规划咨询给他们的生活带来了转机。

"我丈夫一直担心挣的钱不够用，但理财规划师告诉我们:'虽然经济上多少有些风险,但和很多其他家庭比起来,已经非常理想了。'"

看到丈夫露出笑容,女士也很开心。那天回家的路上,他们一起吃了顿美味的鳗鱼饭。

丈夫55岁退休后,又被那家公司返聘。在女士看来,"由于是返聘,工资比过去低,但工作量也少了,丈夫似乎也释怀了。"现在他每天还精神抖擞地去上班。"回家时间早了,他开始帮忙打扫卫生、洗衣服。工资减少对家里有些影响,但也还过得去。"现在女士最大的不满是,"他死活就是不肯打扫厕所"。

➥ 劳动关系的悲剧历史

"早晨的妖精大叔"等大企业常见的"不工作的大叔"问题其实存在已久,问题的根源也不是那些大叔。带头激化中老年和年轻人之间的矛盾可不是我的本意。因此,我想先用一些篇幅回顾劳动关系逐渐扭曲的悲剧历史。

20世纪70年代后期,"窗边族"一词大热。这个词出自媒体报道,指公司里没有正经工作的中老年员工。这类员工往往被安排在办公室最里面靠窗的工位，由此得名。

以应届生统一招聘、年功序列制以及终身雇佣制为特征的"日本式雇佣制度"在 20 世纪 60 年代经济高速成长期扎根大企业。著名演员森繁久弥主演的喜剧电影《社长》系列在当时大受欢迎。豪爽诙谐的社长和三木纪平饰演的爱聚餐的销售部长等人的活跃，象征着当时经济发展红红火火的日本社会。年轻员工相信工作的稳定性和升职加薪的光明前程，工资低也愿意奋斗。对处于飞速成长阶段的公司来说，能够以低成本获得大量劳动力的"日本式雇佣制度"正符合公司的需要。

然而，公司发展速度放缓后，很快遇到问题：没有适合那些通过年功序列制获得高薪的中老年员工的岗位了。日本经济在 1973 年石油危机后进入稳定成长期，大企业里的"窗边族"越来越多。

即便如此，管理者也没有开除他们。究其原因，丰田汽车、东芝等日本代表性大企业在"二战"后的复兴期围绕裁员问题与工会发生过激烈对立。那段苦涩的记忆已深深印在管理者的脑海里。

20 世纪 70 年代，民事案件审理中对出于经营考虑解聘职工的情况，若没有重大理由均判为无效，使得大企业的工作成为公认的"铁饭碗"。

80年代后期,日本经济进入泡沫期,"窗边族"淡出舆论焦点。因为大企业即便出现没有工作可做的中老年员工,也可以把他们调到业务多元化大潮中成立的集团公司,以此保住员工的"饭碗"。

然而,1991年泡沫经济破裂后,形势急转直下。就连国内屈指可数的企业集团也只能通过裁员压低成本来维持经营。很多大企业不惜提供丰厚的离职金①,鼓励中老年员工主动申请提前退休。1997年11月,震撼产业界的破产事件接连发生。城市银行之一的北海道拓殖银行破产,四大证券公司之一的山一证券也宣布自主停业。

"错在我们(管理层),不在员工。我们对不起那些善良优秀的员工们。恳请各方多多关照,给他们一个再就业的机会。"

时任山一证券社长的野泽正平在记者发布会上声泪俱下。40岁以上的很多人或许对这一幕还有印象。到最后还在担忧员工出路的他是高速成长期的日本管理者的象征。不过这件事还让人们意识到,为保住员工的饭碗而不及时进行经

---

① 离职金为企业自行设立的一种制度,通常在员工离职时,根据员工的工作年数、离职原因等计算出金额并一次性支付给员工。

营改革会导致公司破产，令更多的员工失去工作。日本经济已近黄昏，裁减"冗员"是保护公司的唯一途径。这种价值观一下子在产业界普及开来。

➥ 公司里的禁闭室

裁员也出现了新花样。1998 年游戏大厂世嘉（SEGA Enterprises）成立的"帕索纳室"就是一个典型。该名称恶搞"人事"的英译词（personal affairs），无处安置的员工都被集中到这里。他们没有具体工作，整日坐在隔离出的小房间里。员工们私下管那里叫"单人牢房""禁闭室"，认为其目的是把员工逼到精神崩溃，迫使其主动辞职。公司方面则反驳称"该部门旨在提高个人能力、促进自我发展"，但据说被分到那里的员工很多都辞职了。

进入 21 世纪后，IT 技术的迅速普及加快了中老年员工的"冗员化"。年轻时掌握的技术没有了用武之地，但就连大企业也没余力开展再教育，组织员工学习新技术。

另一方面，随着企业并购限制放宽，通过并购获取创新技术和潜力业务的经营模式代替自主研发成为主流。公司积极进行组织结构整合，因此失去岗位的中老年员工也不在少数。

将目光转向政坛，当时执政的自民党小泉纯一郎政府推行"结构改革"，获得广泛支持。重视竞争的新自由主义政策也助长了强调个人责任的风潮。被公司当作"冗员"全怪自己不努力——随着这种观念的渗透，大企业裁员不再被视为禁忌。

在自愿退休人员的征集中，不少企业为完成裁员目标，会给特定员工"做工作"。若被拒绝就接着做，直到员工决定离职为止。再三要求员工应征自愿退休可算作"强迫离职"，大企业却冒着违法的风险，纷纷使用这种裁员招数。

在经历了2008年次贷危机和2011年东日本大地震造成的日元升值以及市场低迷后，裁员手法变得更加巧妙。2012年，松下集团成立"事业与人力资源强化中心"，俗称"放逐小屋"，可谓新一代手法的集大成。拒绝自愿退休的员工会被调到这个部门，为其他忙碌的部门提供支持。就算只有行政岗经验，也必须下工厂做产品质检和包装，基本用不到过去工作中培养的能力。员工们精神受挫，陆续辞职。不少员工认为，"公司这样做是想逼我们主动辞职"。

这类部门也存在于其他大企业。职业规划促进部（索尼）、项目支持中心（NEC子公司）、市场开发部（诺薇雅）、业务支持中心（东芝）、职业生涯开发科（科乐美子公司）……有的还要求员工自行在外寻找出路。而这些企业都一口咬定"没有逼迫员工辞职"。

这种无情的雇佣系统不把员工视为家人或伙伴，却得到如此广泛的普及，是号称助力再就业的人力资源公司在背后推波助澜。这些公司不仅为"冗员"找下家，还承接中老年员工培训业务，鼓励他们换工作。这个行业由在美国获得成功的外资人力资源公司引入日本，利库路特（RECRUIT）、保圣那（PASONA）等日本国内大型人力资源公司紧随其后，逐渐形成了一套游说技巧。

➥ "盈利裁员"的开始

不过，被逼走的员工也不会吃哑巴亏。被调到这类部门的员工纷纷将公司告上法庭，其中部分公司因"滥用人事职权"败诉。2013年，市场开始回暖，大企业也相继撤销了"放逐小屋"类部门。

裁员风潮暂时退去，但好景不长。大批涌入日本股市的外国投资者比起销售额更看重利润。大企业也纷纷开始重视利润，试图将成本压到极限。没有信心把公司做大做强的管理者们再次启动计划裁员只是时间问题。

2019年，世界经济前景的不确定性加剧，日本也遭到巨浪冲击。据东京商工研究所统计，当年上市企业征集自愿退休人员总数时隔六年超过一万人。"盈利裁员"现象也很突出，许多企业考虑到未来形势，趁业绩好时先裁员。

"请那些低绩效员工，也就是没干劲的人尽早离开公司，这也是为了他们好。"2019年1月，日本经济团体联合会会长中西宏明（日立制作所会长）在演讲后的问答环节中这样讲。他在同年5月的记者会上也提出："实行终身雇佣制已经到了极限。""为保留就业岗位而留下没有前景的业务，对被雇佣的人来说是最不幸的。"日本管理者的价值观也出现转变，像山一的野泽社长那样为员工再就业问题流泪的管理者已经再也见不到了。

2020年新冠疫情暴发以来，许多大企业陷入严峻的经营危机。迅速普及的远程办公划清了每名员工的工作范围，也让拿钱多干活少的中老年员工的问题再次突显出来。

"窗边族"诞生至今已有四十余年。如今被称作"妖精大叔"的"不工作的大叔"们正面临前所未有的困境。

被调到"放逐小屋"的员工起诉东芝子公司（2020年3月9日记者会）

　　这期间规模日益扩大的非正式员工也不容忽视。这类员工如今已占到劳动者的近四成，大多为女性。转正门槛依旧很高。把这一现象归结为"日本式雇佣制度"的论调渐成气候，大企业也接连表明将重新审视终身雇佣制和年功序列型薪酬制度。他们已经承认，同在一家公司工作，正式员工比非正式员工待遇好的现象并不正常。然而，在"日本式雇佣体制"下干到中老年的员工只会感到自己被公司背叛。非正式雇佣就像一个泥潭，不仅加深了中老年与年轻员工之间的隔阂，而且导致明明人手不足，员工的工资和待遇却得不到改善。

公司内部分裂为正式工和非正式工，工会的组织能力被削弱。加上劳动者个体的孤立趋势，工会的"保护伞"功能正在逐渐弱化。

在此背景下，以疫情为由向中老年员工征集自愿退休的企业激增。员工拥有选择应征或不应征的权利，而为希望工作到退休年龄的中老年员工提供与其相应的岗位是企业应尽的责任。再三劝说员工应征自愿退休、将拒绝者调到"放逐小屋"的行为不仅涉嫌违法，还会深深伤害员工的心。泡沫经济破裂后，中老年人患上心理疾病和自杀的事件不断。企业决不能重犯伤害社会的错误。

➥ 妖精大叔出现的原因

年轻时工资低，工作强度高，到了中老年又受到"不工作却拿高薪"的指责。这一现象的背后是日本式雇佣体制的结构性问题。为什么会出现"不工作的大叔"？我再次采访了研究人力资源开发的立教大学教授中原淳。

——为什么会存在"不工作的大叔"？

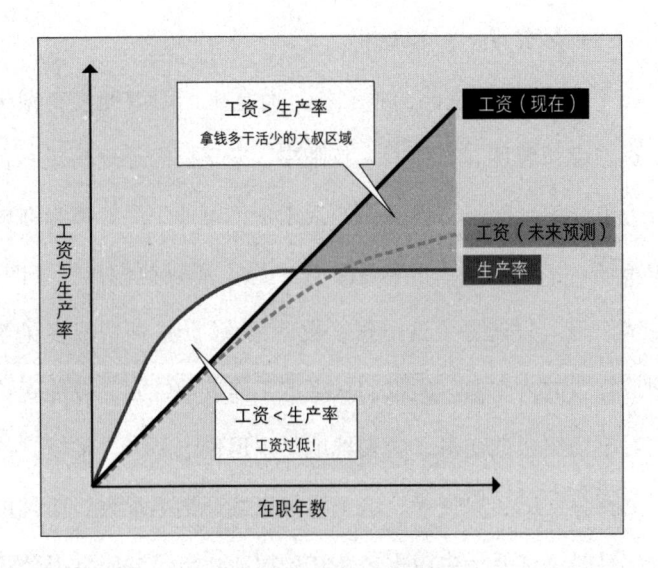

"日本式雇佣体系"模型图

"这不是当事人自身的问题，而是日本社会的问题。这个问题不仅和代际矛盾有关，还涉及日本的人事制度、劳动政策、少子高龄化、教育育儿、社会保障等方面，不是一个简单的问题。我们可以通过一张模型图来理清日本式雇佣制度的现状。图中纵轴表示工资和生产率，横轴表示年龄。在应届生统一招聘与终身雇佣体制下，工资水平在年轻时较低，但会随年龄递增；职业生涯早期，生产率增速比工资增速快，但员工年龄大了，生产率就不再提高，图中右上方工资高出生产率的区域代表的就是'不工作的大叔'。"

——他们为什么不工作？

"准确地说不是他们不工作，而是生产率增速没有跟上工资的增长速度。在那些大叔眼中，未来已经显而易见：再努力也升不到部长，换工作的话工资很可能下降。因为在转职市场，工资水平大多和生产率一致。所以他们被'禁锢'在组织里，只能握紧这一根'救命稻草'。这种情况多见于制造行业的大企业。大叔们从事的工作专业性强，技能无法应对市场结构的变革，想安稳地熬到退休也是人之常情。孩子的教育支出、房贷等，这个年纪家庭开销也很大。而且由于年轻时工资低于生产率，留在公司能让自己赚回觉得公司亏欠自己的部分。当然，'不工作的大叔'不只是中年男性，其本质是为维护'铁饭碗'而出现的'生产率与工资不对等状态'。所以不论男女老少，所有人都可能变成这类人。不过，从大企业正式员工的年龄分布可以看出，这类劳动者主要还是50~59岁男性，所以大叔们总是更容易受到关注。"

——在年轻人看来，他们不干活却拿高薪，觉得不爽也可以理解。

"是啊，现在的年轻人已经或多或少察觉到，自己将来不会像他们那样领取高于生产率的工资，所以才会对目前存在的代际不平等感到气愤。如果有可能，年轻人也想加入终身雇佣体制，但他们认为希望很渺茫。虽然实际跳槽人数只涨了一点，但打算跳槽的人数激增。年轻人的意识已经出现转变。"

➡ "真羡慕老一代"

"还有一点，人过了30岁，会感觉离50岁也不远。看到公司征集'自愿退休'员工，自己也会感慨'公司竟然这样对待50多岁的员工'。所以说裁员对中青年员工也是一个打击，会令他们苦恼自己应不应该继续待在这里。裁员的目的本来是削减50岁以上员工，结果却引发30~40岁员工大批离职，这样的情况也不少见。另外，年轻人对雇佣政策也持怀疑态度。日本在二三十年前经历泡沫经济破裂和就业冰河期以来，扩张了大批非正式岗位。极端地讲，企业一直以来都是通过牺牲年轻人的待遇来维护老一代人的既得利益。年轻一代对日本企业的变迁看得很清楚，他们心里都有一股对老一代的不满。"

——关于养老金问题，延长工作年限是一个解决办法吗？

"国家为应对老龄化，计划要求企业为有意向的员工提

立教大学教授中原淳，从事人力资源开发研究

供能干到70岁的岗位，但国家不负担多出来的人力成本。企业也要顾及股东的利益，不可能整体上调人力成本支出。最终企业应该会重新评估并下调工资曲线，最先受到影响的应该就是生产率与工资不匹配的'不工作的大叔'。我也理解有些意见认为公司应当给他们提供适合的工作，但归根结底，不是给人提供工作，而是给工作找到能完成它的人，这种状态才是健全的。只要提升能力，心情愉快地投入工作，大家就都好了。"

——这个问题还会持续多久？

"'不工作的大叔'如果刚50岁出头，最好不要觉得能全身而退。我认为目前这个情况十年内就会结束。企业已经开始下调工资曲线，预计今后会采用多轨制，即35岁以前所有员工共用一条曲线，之后出现区分：有人升高，有人持平，有人下降。曲线图的横轴目前是年龄，今后很有可能会变。也就是说，以年龄为基准的工资曲线未来将不复存在。欧美已不再基于年龄制定工资曲线，为笼络优秀人才，需要给予人才一定程度的优待。部分企业已开始高薪聘请资深程序员，这种趋势今后或将进一步深化。"

——现在已经被禁锢的人该怎么办？

"我的建议是不要把自我提升和职业规划交给别人决定。跳槽后工资也许会降低，但转行做自己感兴趣的工作也是一条路；不会用电脑就去学。关键要自己思考，自己决定自己的人生。不仅50岁以上的人，年轻一代也应具备这种意识。现在有不少大学生根据成绩和父母的意愿选择大学和专业，几年后看同学应聘哪些公司，自己也跟着去参加面试，在公司这个社会里努力打拼至今。他们没有养成自己决定自己人生的习惯。但是时代已经变了。

"为了支持更加多元化的工作方式，企业需要完善人事、劳动保障以及育儿等相关制度，还需要为员工提供能切实创造价值的技术培训。年金等社会保障制度的改革也迫在眉睫。昭和时代助力经济高速成长的雇佣制度已到极限。我希望这个问题能够引发人们对日本未来的思考。"

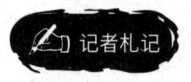

📝 记者札记　企业首先应该做的事

2020年11月，化学行业的龙头企业三菱化学控股召开财务决算报告发布会。我注意到，三菱化学在发布财务决算报告的同时，还公布了核心子公司三菱化学的自愿退休人员征集计划。

这项名为"职业转换支持计划"的措施面向年龄50岁以上且在职10年以上的管理岗员工，包括退休后返聘人员在内共计2900人。征集人数没有设限，追加补偿最高50个月工资。

在线上记者会上，该企业的干部表示征集自愿退休人员是伴随管理岗引入"岗位型"①人事制度的一项调整措施，"希望通过此举为公司注入活力"。

该干部解释道："一部分员工本以为50岁以后能够按资历升任要职，（位置）却被年轻员工挤占，因而感到无地自

---

① "岗位型"雇佣指基于明确的岗位需求和招聘条件进行招聘的雇佣方式。与"成员型"雇佣（将应届毕业生统一招进公司后再做岗位和部门分配）相对。

容。本计划就是面向这部分员工。公司希望他们自主决定自己的职业道路。对于不同意退休的员工，我们将提供再就业或创业支持。对于难以接受这一现实的员工，我们将给予经济补偿。"

追加补偿最多 50 个月工资是大企业才有能力做出的决策。这对于本就打算换工作的人来说或许是个好机会。但我不禁质疑，企业能为员工做的就只有这些？征集自愿退休的决策是否过于草率？岗位被年轻员工挤占，现实和入职时描绘的未来有出入……既然企业已经了解中老年员工有这些烦恼和迷茫，那么首先要做的不是尽全力为他们提供适合的岗位吗？虽然选择跳槽的人有所增加，但在这个中老年再就业市场依然狭小的国家，轻松地踏出"职业转换"的一步绝非易事。

"妖精大叔"的问题首先是企业和社会的问题。"妖精大叔"的境遇各不相同，有的丧失了工作热情，有的像本章中介绍的出版社男编辑那样在热情与现实的夹缝间苦恼着，但成为"妖精大叔"绝非他们的本意。这个问题不应只由个人面对，企业与社会应首先迈出解决问题的第一步。

另一方面，站在年轻人的立场，我也很理解他们"盼望问题尽早解决"的心情。"妖精大叔"的报道公开后，我们收到来自公司内外的几十封表示赞同的邮件。经济直线上升的时代已经终结，不少公司只能争夺有限的市场。焦虑与"无退休社会"一道渐渐逼近。如果优先维护年功序列制员工的待遇，必然会令年轻员工感到不公平。我并不想挑拨代际矛盾，但许多大企业已经存在不同年代员工之间的利益冲突。化解年轻一代的不满也是企业与社会的当务之急。

《朝日新闻》经济部记者 真海乔生

第 3 章

迷失的一代的受难

—— 我们注定死在街头？

➤ 迷失的一代

本章聚焦的这代人是今后无退休社会的"主角"。正如前文所述，由于就业人口萎缩，老年人口激增，人们步入老年后还要继续工作，否则日本将难以为继。这样的时代已经近在咫尺。那时老年人口的主要组成部分是序章中提到的团块次代。

国立社会保障与人口问题研究所的中位推算（出生率、死亡率均取中位预测值）显示，日本65岁以上人口将在约20年后的2042年达到峰值，老年人口将膨胀到3935万人。同时老年人口比例也在持续上升，到2036年每3人中就有1人，到2065年每2.6人中就有1人在65岁以上。

而将在那时步入老年的主要是团块世代的子女，即1971~1974年第二次婴儿潮期间出生的"团块次代"。他们目前还处在47~50岁阶段，但在劳动年龄人口中占的规模最大，总共近800万人。

这代人的特征除了人口规模庞大之外，还有特殊的历史

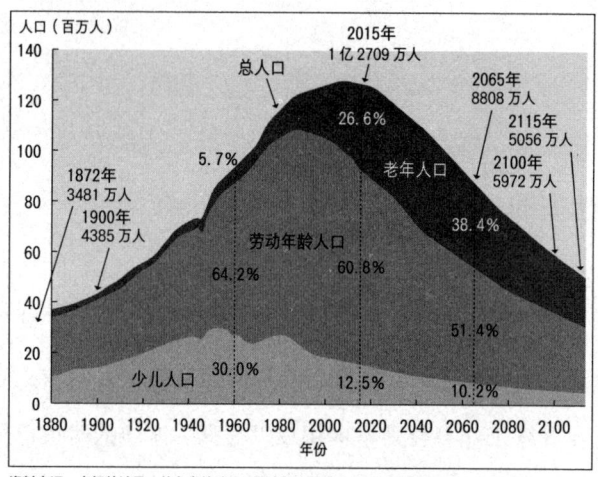

资料来源：内阁统计局、总务省统计局、国立社会保障与人口问题研究所的公布数据等

日本人口与年龄结构变化趋势

背景——走上社会时正赶上泡沫破裂后严重的经济低迷期。20世纪90年代后期至21世纪初，许多业绩低迷、人员过剩的企业采取的措施不是裁员，而是最大程度缩减应届生招聘名额。在这段"二战"后最严重的"就业冰河期"从大学、专科学校或高中毕业的，正是20世纪70年代前期至80年代前期出生的人们，包括全部团块次代。

经历"就业冰河期"的这代人常被唤作"冰河期世代"，用《朝日新闻》2007年专题连载的标题"迷失的一代"（Lost Generation）来称呼他们的人也不少。这代人相比其他世代，没有找到期望的工作，陷入不稳定就业泥潭的人格外多。这个称呼似乎很贴近他们的自我认知,也有很多人自称迷失的一代。

2000万人规模的迷失的一代现在正值三四十岁,他们当中不少人工作依然不稳定,靠微薄的工资艰难度日,与父母同住,没有成家,对未来感到不安。媒体还给他们起了"四十危机族""中年打工族"等新名字。

迷失的一代与上一章介绍的"妖精大叔"可谓处在两个完全相反的极端。妖精大叔在公司里失去了立足之地,但仍有稳定收入;相比之下,很多迷失的一代无法从事期望的工作,收入低,甚至在社会上找不到立足之地。

➡ 本以为是找到正式工作前的过渡

再过20年左右,这代人也将步入老年。面对自己的老去,他们是什么样的心情?这里我想介绍一位采访中结识的男士。

这位41岁男士在一家公司当了将近20年的非正式员工。他从关东地区的国立大学毕业那年,正值大学毕业生就业率不到六成的2001年,也是第一届小泉内阁成立,美国发生恐怖袭击事件的那一年。

这位男士当时也没有想好毕业后做什么,求职季只参加了三四家公司的面试，所以没能找到工作。据说当年很多学生投递了一百多家公司也没有找到工作。他所在的大学情况也不乐观，毕业时已经拿到录用通知的人反而是少数。

大学毕业后，为赚取生活费，他开始在一家对公零售企业做临时工。他没有信息设备进货销售方面的经验，工作所需的技能全靠自学和钻研。很多兼职工和临时工干不了多久就会辞职，所以有时候他不在就忙不过来。他本以为这份工作只是找到正式工作之前的"过渡"，没想到一干就是好几年。

"当时觉得能有活干就不错了，现在看来是我想得太简单了。起初时薪大约 900 日元，每月到手工资也就 15 万日元左右。虽然收入很低，但可以长期做，所以当时没有足够的危机感。"

开始工作后不久，店长认可他的工作表现，给他涨了时薪。因此，在连日加班的繁忙期，到手月工资有时也能超过 25 万日元。然而那位店长被调走后，接下来近十年他一直没有涨薪。他感觉到加薪与否全看领导的意思，与能力、经验完全不挂钩。

"我明明只是临时工，但只有我会干的工作却越来越多。正式工不了解一线的具体情况，和客户打交道时做不到临机应变。我原以为自己想走的时候可以随时走,但忙碌的工作挤掉了求职的时间。渐渐地,比我年轻的正式员工越来越多,现在连店长都比我年纪小。即便如此,对那些经验尚浅的正式员工,我还是会尽量照顾到他们的体面。"

根据客户情况调整订单需求并保证按期交货需要经验和细心。做这些通常由正式员工做的工作,让他很有成就感。他被客户误认成正式工的次数也更多了。"咦,你是临时工啊。我还以为你是正式工呢。"然而,男士对公司的贡献没有得到认可,而且根据上面的方针,他还被禁止加班,到手月工资最多只有16万日元了。在男士看来,公司依靠临时工维持运转,却不改善他们的待遇,甚至把人当"成本"。

"客户都很信任我,可当我发现工作中的问题,向领导提建议时,领导却觉得我在批评他。工资低、待遇差已经够郁闷了,工作得不到认可对我的心理伤害更大,仿佛整个人都被否定了。"

➥ 责任该由谁来担

十八年间,这位男士并没有"躺平"。他一直在等待机会转正,也投递过其他公司,然而"应届生"门槛阻断了他的前程。简历的工作经历栏只能填"打工",所以被当作没有任何社会经验的新人;参加其他公司的面试时,也总会被问及"为什么毕业时没有找到工作"。白发已经悄悄爬上头,而他现在还住在年过七十的父母家里。

"说到底还是太依赖父母了。我觉得40岁是一个分水岭,而我已经过了这个年纪。这种感觉就好像自己虚度了半辈子。就这条件,我也不敢考虑结婚。照这样下去,晚年只会充满不安。"

这就是迷失的一代。这位男士自称"吃亏的一代"。即便如此,他时常挂在嘴边的还是后悔和自责。

"这些年我也并非没有努力,但最后还是没有正式工作,我觉得是自作自受。和求职季投了几百家公司的人相比,我还是不够努力。上大学时没能找到兴趣点,该拼的时候也没有拼出成绩。混成这样也有我自己的错,不能都怪就业冰河期。"

他把自己的真实情况毫无保留地讲给我。这些年他对待工作肯定也是这样真诚。听完他的讲述,我不认为这个责任在他自己。

➥ 永不消融的冰河

迷失的一代如今也到了成为社会中坚力量的年纪,而包括这位男士在内,他们依旧靠非正式工作和微薄的工资过活,没有摆脱"迷失"状态。这才是这代人的真实写照。

步入社会的时间仅相差短短几年,却给今后的人生带来难以逾越的差距。这一现实在统计调查中也得到了印证。

对比厚生劳动省工资结构基本统计调查中2010年和2015年的工资金额,大学本科及研究生学历的35~39岁人群和40~44岁人群的工资相比大幅减少。也就是说,迷失的一代拿到的工资比大他们五岁的人在相同年纪时拿的还要少。得出这项结果的联合综合生活开发研究所在调查中发现,除工资以外,在毕业后第一份工作的在职时间、20~29岁的能力发展乃至幸福感上,迷失的一代评价都很低。显然不论是否成为正式员工,这代人都"受到了亏欠"。

负责整理调查数据的东京大学教授玄田有史这样分析:"这个情况就是所谓的'永不消融的冰河',这代人到了中老年仍会面对严酷的现实。要想拯救冰河期世代,眼下必须采取一切可能的措施。等他们到了50岁,再让他们从头来过也来不及了。"

智库日本综合研究所的调查也揭露了迷失一代的具体困境。男性中从事非正式工作以及不工作也不求职的非劳动人口比例比年长世代更高，该研究所认为这一现象与中老年"家里蹲"人数的增加有关。

迷失的一代的问题绝非这个群体自身的问题。这个群体现在受到关注，是因为庞大的人口群体处于不稳定状态，使日本社会整体受到沉重打击。

问题之一是对经济的负面影响。40岁以后，孩子教育、买房等消费需求本应旺盛，而团块次代的支出金额低于年长世代，成为经济发展的桎梏。与父母同住的"单身寄生族"也步入中年，他们的父母已步入老年。正如序章中所提到的，中老年人的"家里蹲"、七旬父母照料四旬子女的"7040现象"等社会问题很多都与迷失的一代有关。

对人口结构的负面影响则更为严重。在团块世代（第一次婴儿潮）和他们的子女——团块次代（第二次婴儿潮）之后，"二战"后第三次出生率大幅提升，也就是第三次婴儿潮并未出现。少子化的原因涉及多方面，但非正式雇佣和低收入这两座大山无疑削弱了迷失的一代抚养后代的能力。如前文所述，在这代人步入老年的20~30年后，日本人口曲线将变成顶部膨胀的"棺材型"。负担单身且高龄的迷失的一代的就业人口进一步萎缩，看护及医疗领域的劳动力供给将严重不足。如果不稳定就业的状况在未来仍得不到缓解，晚年申请低保的人数将会激增。

这是一枚威胁日本社会可持续发展的定时炸弹。提出"单身寄生族"概念的中央大学教授（家庭社会学）山田昌弘甚至预想到了最坏的可能："未来大批无法养活自己的老年人会压垮就业人口，甚至可能出现老年贫民窟。"

"社会终于开始注意到潜在的问题。与父母同住、未婚、前途渺茫的'中年单身寄生族'群体规模很大。未来一片迷茫，甚至有人称他们'只有死路一条'。他们目前经济上靠父母援助，所以尚未形成社会问题。如果在国外，这些人已经足以引起暴动了。不管怎样，父母的援助终有一天会结束。再过10～20年，他们的父母去世后，问题将一下子浮出水面。"

➡ 不稳定就业的"先头部队"

为什么这代人无法摆脱困境？原因有二。

首先是非正式雇佣规模扩大。泡沫经济破裂后劳务派遣限制放宽，适用职业范围扩大，正式工与非正式工的区分使劳动力市场出现类似身份制度的分层。就业不稳定化的浪潮也波及此后的世代，迷失的一代成为率先迎接这股浪潮的"先头部队"。

其次，最大的原因在于日本独特的雇佣惯例。应届生统一招聘、年功序列工资制以及终身雇佣制成就了日本经济在"二战"后的高速增长。为确保劳动力，公司录用白纸一样的年轻人并包揽他们的职业教育。这种系统在经济高速成长时期或许有一定效果。

然而，在泡沫破裂后的经济长期低迷期，这种雇佣系统弊病突显。为维护老一代的铁饭碗，多数日本企业忽视不同世代员工间的平衡，极力缩减新人的招聘名额。而经济复苏后，企业依旧优先录用应届生，使迷失的一代成为时代的弃儿。换句话说，因为"妖精大叔"的利益而被挤出正式员工队伍的正是迷失的一代。如今，经济界已开始倡议废除应届生统一招聘和终身雇佣制，但要拯救已步入中年的他们，常规的雇佣制度改革为时已晚。

面对危机局面，政府终于采取行动。安倍政府根据经济财政咨询会议的提议，在2019年的"经济财政运营及改革基本方针"（俗称"骨太方针"）中加入了针对就业冰河期一代的支持政策，即今后三年内增加 30 万正式员工的目标。该会议当年听取民间议员的建议，将迷失的一代命名为"人生二次规划第一世代"，不料在网上引起批判与民愤。"高高在上，脱离群众""别忘了是谁把他们逼到这个地步的"。

近 20 年来，政府对这代人的处境熟视无睹，将他们逼到不得不重新规划人生的境地，难以想象在短短三年内就能出台切实有效的措施。"已经来不及了。"我们仿佛听到了这一代人的哀鸣。照这样下去，当迷失的一代步入老年，他们的生活会变成怎样？

➡ 这也该"责任自负"吗？

"一切都是自己的错。"

"是我自作自受。"

没有稳定工作的迷失的一代常把这些话挂在嘴边，每次听到都令人难过。

前文中提到的那位男士也是如此。他们身处的环境比其他世代更不利，要么想努力没有机会，要么努力得不到回报，到头来在不稳定的岗位上屈就近 20 年。就连这样的人都被"责任自负"的咒语束缚着。

这代人刚走上社会时,发生了"伊拉克绑架日本人质事件"。2004年4月,在伊拉克中部城市费卢杰近郊,从事志愿和采访活动的三名日本人被武装分子绑架。三人被释放回国后遭到抨击,舆论谴责他们应"责任自负"。那次事件以后,在分化与竞争社会的色彩逐渐显现的日本社会,"一切责任均应由个人承担"的观念开始蔓延。

而直接受到这股舆论洪流冲击的正是迷失的一代。"他们被指责为不能吃苦,胆小懦弱。当时的主流观点认为,找不到稳定工作是年轻人自己的问题。为此,青年劳动力市场的根本性改革被一拖再拖。"东京大学教授(教育社会学)本田由纪回忆道。

"20世纪90年代,团块世代处在企业年功序列体系的上层;泡沫经济期间,企业又录用了过多的应届生。当迷失的一代走上社会时,这两个世代像巨石一样稳稳地压在他们头上。过度重视从属关系的日本社会采用独特的雇佣系统,企业将正式员工视为组织的一分子,允许其全面参与各种业务;在泡沫破裂后的经济低迷期,企业又缩减应届生的正式岗位录用名额,一下子增加了大量非正式岗位。只因毕业年份不同,境遇就天差地别,这应当是社会和政治的责任。"

同期，经济全球化引发压缩成本战，许多发达国家主要通过接收劳动力移民削减人力成本。而在日本，非正式劳动力的作用就相当于劳动力移民。从这个意义上讲，迷失的一代是时代的牺牲者。他们当中很多人感觉人生的近一半时间被遗弃，没能得到社会的认可。

➡ 主角是女性

这里必须指出的是，直面就业寒冬，被卷入非正式劳动力激增的这场社会变革的"主角"不是男性，而是女性。从事非正式工作的青年健康男性增多更吸引眼球，所以"男性非正式工"格外受媒体关注，但在此之前，女性就业早已出现大规模的非正式化。

在大学毕业生就业率跌破60%的2000年前后，即便毕业于同一所一流大学，女生的求职之路也要比男生更加艰难。甚至有公司制定了"不招女生"的潜规则。在男生们陆续拿到录用通知的同时，很多女生投递了几十家公司仍没有找到工作，只能选择非正式岗位。

总务省2018年实施的劳动力调查显示，男性员工中非正式劳动力占 22%，这一比例在女性中则高达 56%。虽然该数字包括了结婚辞职后又出来做兼职的家庭主妇和老年女性，但女性从事非正式工作的比例是男性的两倍以上。这一事实理应受到更多关注。大学毕业后长期从事非正式工作的男性虽然也在增多，但派遣工、合同工、兼职工的主体依然是女性。

退休后钱会不会不够用？从事非正式工作的三四十岁单身女性们对未来充满不安。身为派遣工或合同工，随时都有可能被解雇，支撑老年生活的养老金、储蓄和家人的援助都很微薄。"无退休"的不安已经蔓延到超高龄社会的主角——女性们的身边。

➥ 迷失的一代需要补贴

2019 年秋天，我遇到了一位属于迷失的一代的 43 岁女士。拥有本科学历的她至今仍在从事非正式工作。

她哽咽着对我说："我希望国家为迷失的一代提供补贴，就像育儿补贴那样。不要把错全推给时代，抛弃我们。"

"优秀职场人"是我对这位女士的第一印象。她因工作稍微迟到了一会儿，特意事先电话告知，见面后还非常郑重地向我道歉。她着装举止也无可挑剔，是一名通晓商务礼仪的职业女性。

就算她说自己是一流企业的中层管理者，我也不觉得奇怪。然而，现实中她却是东京一家公司的合同工，为了完成繁忙的工作争分夺秒，只有午饭时间可以离开工位。

像"昭和白领"那样在茶水间边聊天边品茶的生活，她根本不敢想。但即便全身心投入工作，年收入目前也只有280万日元左右。和十年前相比，时薪只涨了50日元。

这年9月，台风登陆关东地区导致首都铁路交通瘫痪的那一天，她花了四小时从家去公司上班。"如果同事们都不缺勤，我即便不情愿也不得不去。我是时薪制，而且休息了工作没人做，第二天还得加班。"

➡ 跳槽次数越多，劳动条件越差

这位女士为什么会走到这个地步？我根据她的讲述整理了她这20年的经历。

她生长在一个昭和时代的"标准家庭"：父亲在大企业

上班，母亲和父亲在同一家企业工作，结婚后离职做家庭主妇，生养了两个孩子。她从私立高中考入中等私立大学，毕业找工作的1999年正好是就业冰河期。她向一百多家公司寄出了索要招聘资料的明信片，获得面试机会的只有二成，并且都没有拿到录用通知。

最后，她经父亲的熟人介绍进入一家上市集团公司，正式走上社会。可进去之后才发现，那家公司只给女员工分派辅助性工作。早上擦桌子、整理报刊架也要女员工来干。在昭和时代，女性通常通过"一般职位"进入公司，负责端茶倒水、复印资料；和公司里的20多岁男同事结婚后离职，回归家庭。这种企业文化被这家公司完完整整地继承下来。这位女士曾经提议用计算机提高工作效率，却被男领导拒绝了。

在这里无法充分发挥自己的能力。她想进一步提高职业能力，干了三年半后决定辞职。当时正是《年轻人为何三年就辞职》（城繁幸著，光文社新书）一书畅销的几年前。

"现在想来，如果当初在那家企业坚持干下来，或许已经等到机会了……"

辞职后，她换过多次工作，以派遣工和合同工为主。在默认应届生统一招聘的日本雇佣环境下，社会招聘的市场很小。每次换公司，待遇和劳动条件不仅没有提升，反而越来越差。

其中一家是社长独裁的公司。那家公司类似于现在所说的"黑心企业"，两小时以内不算加班，也不准员工带薪休假。

她还在一家"共享服务"公司干过——企业集团为削减成本，把人事、会计等职能部门分割出来成立关联企业，以外包形式进行这些业务。这里的员工大多从一流企业的总部调动过来，实质上就是裁员。因此公司里充斥着自暴自弃的氛围。公司活多人少，她每天工作到深夜，赶末班车回家，到家倒头便睡。亲属过世请丧假时还挨了批评。

"周末两天也要上班。长时间劳动削弱了思考和判断能力，渐渐就会觉得，只要有地方愿意用我就知足了。"

即便如此，她仍然没有忘记提升自己。利用工作间隙学习，她考下了会计、计算机、托业和社会保险咨询师等资格证。但公司以年龄和缺乏实操经验为由，不给她转正。在她待过的几家公司里，连正式员工都疲惫不堪，甚至有人患上抑郁症。其中一家公司的40多岁单身女领导告诉她："在这里，你会像我一样被工作榨干。我已经放弃结婚生子了，你如果还有这个打算，最好离开这里。"

"失去的二十年"，这个说法存在已久，而这位女士这些年的工作经历仿佛处在日本企业这二十年间的各种节流和裁员的第一线。她工作过的很多公司裁掉文职岗位，用非正式工替代，把一整个部门分出去单独成立公司来削减用人成本，强迫那里的员工长时间劳动。

据她说，这种公司的非正式岗位上总有许多迷失的一代的女性。她们学历高、能力强，工资微薄，还时刻担心公司拒绝续签劳动合同。恐怕没有比这更好利用的员工了。

➡ 想象不出安享晚年的自己

虽然女性被企业定义为廉价劳动力，但她们也有今后的人生。身处非正式岗位的单身女性经济基础薄弱，也很难得到家庭、储蓄、养老金等安全网的援助。据国立社会保障与人口问题研究所推算，2040 年，女性老年人口（65 岁以上）的未婚率将从 2015 年的 4.5% 大幅提升到 9.9%。按照目前趋势，靠养老金和储蓄不足以为生的女性老年人口或迅速增加。

记者结识的这位女士也对晚年感到不安，她说自己在日本年金机构的网站上计算过 65 岁以后能领到多少养老金。截至目前每月能领 6 万日元左右，如果今后继续工作，每月兴许能领到 10 万日元。为确保晚年有钱可用，最近她参加了"累积小额投资免税项目"（NISA）。

"只靠养老金生活是不可能的。只能尽量多干几年，但体力肯定会越来越差吧。父母那一代还能相信努力就会有回报，但在我和朋友们生活的时代，努力根本得不到回报。"

女士完全想象不出自己安度晚年的未来。对"无退休时代"的不安使她产生了那个想法："希望国家为迷失的一代提供补贴。我们这些没有孩子的人与育儿补贴和幼托免费政策无缘，却还要缴税。在劳务派遣公司工作的时候，很多工作内容是给休产假和育儿假的正式工补空缺。在世人讨论环境大臣小泉进次郎会不会休陪产假的时候，希望大家也能理解一下没有孩子的人的心情。"

➥ 我们不是用完即弃的棋子

如今，这位女士只希望有一份不用担心被解雇的稳定工作，就算收入不高也行。希望企业能够给迷失的一代提供更多机会,不要因为年龄抛弃他们。

一些地方和国家部门响应安倍政府的号召,为冰河期世代开放了社招岗位。这位女士也应聘了几个符合条件的岗位,为此还参加了公务员考试补习班,可惜最终都没有被录用。

考试内容和校招笔试如出一辙,有方程组、力学计算等题目,报名和录取比高达好几百。考场上,和自己一样身穿西装的女性以及衣着休闲的男性很醒目。

"我们这代人人口基数大,所以竞争激烈,这些年一直在参加各种笔试和面试。常年处于必须和人竞争的状态,身心压力很大。然而收入却很低,身体被工作榨干,还要被年轻人嘲笑。一想到努力就换来这样的结果,精神就很受打击。从事非正式工作的同时代女性中,有人因长期过劳累垮了身体,只得辞职。"这位女士继续说。

"看到有人被裁员或解雇,大家会觉得干不好理应被淘汰。这种观念似乎已经渗透到社会的各个角落。我认为最终应该由国家和社会来保护这代人,但似乎很多人开始质疑是否有必要一起去拯救落后的人。不知道政府是否真的打算解决这个问题。"

一口气说完这么多,她喃喃自语道:

"我们不是用完即弃的棋子。"

➤ 疫情下被抛弃的未婚员工和非正式员工

2020年春天暴发的新冠疫情将迷失的一代的非正式女员工推向了更艰难的境地。

那位女士所在的公司在紧急事态宣言发布后也开始实行居家办公。工作全部转移到线上,但没有组织任何相关技术培训。合同工被要求上岗时就具备工作所需的技能,所以不能说自己做不到。在家也不方便向同事请教,一切只能靠自己摸索。

20多岁时考取了信息处理资格证的她虽然熟练掌握计算机操作,但由于一直从事非正式工作,基本没有机会充电,最后是独自看手册掌握了远程办公技术。她听说,在隔壁部门,一位40多岁的非正式工因为学不会远程办公系统而辞职了。她强烈地感受到,在疫情下的日本,未婚与非正式岗位上的女性正在被无情地抛弃。

有数据显示,女性的精神在疫情下已处在崩溃边缘。2020年夏季,自杀人数同比开始上升。10月自杀人数达到

2153 人,其中男性 1302 人,同比增长 21.3%,女性 851 人,同比增长 82.6%。新冠疫情蔓延导致非正式工合同到期不续签的情况增加,其中受害者多数是女性。

➡ 年轻一代也出现养老焦虑

年轻时的挫折会直接导致后半生的不安。即使努力维持眼下的生活,想到年老后还是很害怕。这样的年轻女性在逐渐增多。

"20 岁之后的十年是黑暗的十年。"奈绪(35 岁)这样形容自己的过去。在大学里没能和周围人搞好关系是一切不幸的开始。而且路上要花一个多小时,所以不到半年她就不再去上学了。

她曾经以 900 日元左右的时薪在汉堡店、居酒屋打工到凌晨。为了掌握一门谋生技能,她在打工之余到医疗行政岗位的职业培训学院学习,但工作和学习的双重压力把身体压垮了。

她把自己关在房间里,整天听音乐看书,一转眼就是好几年。她由母亲一手带大,又是家里的长女,不出去工作也

奈绪说:"一想到未来就很害怕。"

受到了家人的批评。

于是她离开母亲家,申请了低保,渐渐地抓住了重新振作的机会。现在她在福利事务所卖东西,还同时干好几份临时工。虽然工资低,但总算有了一定收入,成功告别了低保。但每当想到几十年后的生活,她就感到非常害怕。为了找到更好的工作,她也想过考资格证书,但现在的收入连学费都攒不出。

"月收入12万到15万日元左右,基本存不下钱。老了以后能干的也就只有保洁了。都说养老需要2000万日元,我能有多少呢?只能继续吃低保吗?还是说,死在街头?"

领低保的那段日子，她连求职用的正装和新电脑也不舍得买。她一直心怀愧疚，去医院看病也抬不起头，每次看到网上抨击低保户的言论就很沮丧。

要想解决问题，必须跨过一道又一道难关，可她不知道该怎样做。随着年龄增长，她也越来越焦虑。

"虽然大家都说责任自负，但像我这样努力无门的人也很多。走错一步，就只能落魄一辈子吗？"

奈绪重新开始工作的契机是参加横滨市公益财团法人"男女平等促进协会"主办的"女子讲座"。该讲座面向没有工作、为工作和生活烦恼的15～39岁单身女性，通过提高她们的安心感和自我肯定感帮助她们再就业。

该协会男女平等中心横滨南馆的小园弥生馆长（58岁）说，与10年前创办讲座时相比，现在女性们的处境更加困窘。

"女性不是家庭的经济支柱，这种陈腐的观念如今依旧阴魂不散。越来越多的年轻女性在找对象和找工作的夹缝中苦恼，父母年老后又要求她们照顾，自己的未来规划被一拖再拖。"

昭和时代，日本女性大多回归家庭，由丈夫外出赚钱。进入平成时代后，家庭观更加多元，不婚人口也有所增加，但援助单身女性的制度体系还不够完善。过去被视为贴补家用的短期工等非正式工作，现在却成了很多女性的主要收入来源，稳定的工作和足够的收入成为奢求。

➡ 被社会遗忘的人们

该协会以从事非正式工作的单身女性为对象进行了一项网络调查。结果显示，约83%的受访者对"老年生活"感到不安。

"没有离职金也没有奖金。将来要想活下去只能申请低保。希望国家开设安乐死机构。"（35岁）

"退休后，光靠退休金连养老院都住不起。我大概会一个人死在家里吧。"（44岁）

"自己老了以后也没有个伴儿，身体或工作出问题时，不知道自己能不能解决。很不安。"（35岁）

负责这项调查的该协会职员白藤香织（50岁）在听到众多女性的心声后，发出了这样的感慨：

"从事非正式工作的单身女性既没有家人，也没有住房。她们不清楚自己能工作到什么时候，需要多少存款维系老年生活。未来一片灰暗。她们觉得没有任何人关注到自己的处境，孤立感越来越强。她们是被社会遗忘的人。"

➥ "迷失的一代"更是"被剥削的一代"

我们还采访了作家、社会活动家雨宫处凛。她为陷入贫困的未婚及从事非正式工作的女性们发声，让世人了解她们的困境。生于 1975 年的她也属于迷失的一代。

"派遣法修订后，很多岗位被允许雇佣派遣工。我们这代人是新版派遣法的最大受害者。泡沫经济破裂后，大家只是暂时找一份非正式工作维持生计，却被批评为'综合能力差''自己没本事'；还有些人将我们的处境描述为'步入社会的过渡期''逐梦的自由选择'，并未注意到这是严重的雇佣问题。"

从这个意义上讲，"被称作迷失的一代反而很开心"。雨宫说。因为这个称呼让她感觉到世人终于明白问题不在这代人自身，也让她意识到，心里的这份痛苦不是她自己一个人的问题。

"不过我觉得，'迷失的一代'更是'被剥削的一代'。

婚姻、工作、儿女、住房，这些父母辈拥有的，她们一件也没有。40岁以前还能算青年问题，现在已经变成中年问题了。如果在昭和时代，工作不稳定的女性可以通过结婚回归家庭，而现在，不得不独自生活的女性在逐渐增多。"

雨宫也认为，从事非正式工作的单身女性被社会遗忘了。

"国家向老年人和单亲妈妈伸出援助之手，却容易忽视我们这些单身女性。因为这是新出现的群体。二三十年后，这代人里申领低保的人数会激增。"

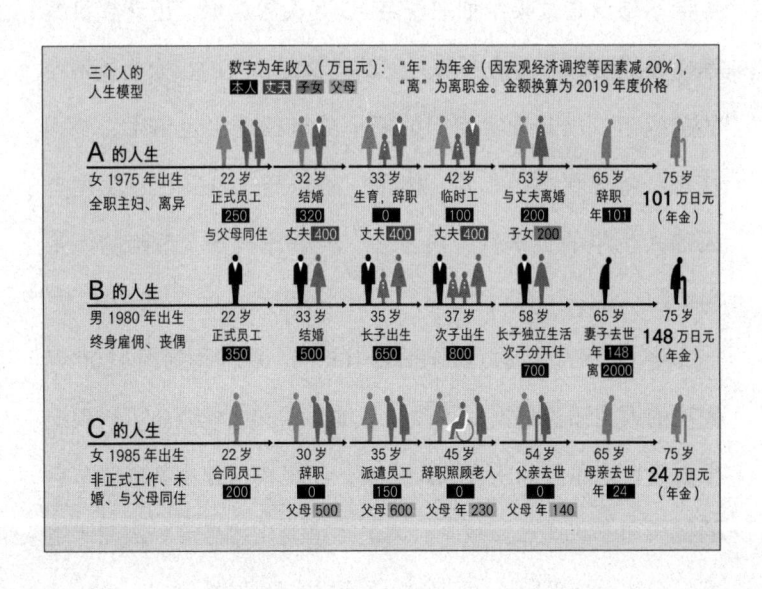

三个人的人生模型	数字为年收入（万日元）："年"为年金（因宏观经济调控等因素减20%），本人 丈夫 子女 父母 "离"为离职金。金额换算为2019年度价格						
A的人生 女 1975年出生 全职主妇、离异	22岁 正式员工 250 与父母同住	32岁 结婚 320 丈夫 400	33岁 生育，辞职 0 丈夫 400	42岁 临时工 100 丈夫 400	53岁 与丈夫离婚 200 子女 200	65岁 辞职 年101	75岁 101万日元 （年金）
B的人生 男 1980年出生 终身雇佣、丧偶	22岁 正式员工 350	33岁 结婚 500	35岁 长子出生 650	37岁 次子出生 800	58岁 长子独立生活 次子分开住 700	65岁 妻子去世 年148 离2000	75岁 148万日元 （年金）
C的人生 女 1985年出生 非正式工作、未婚、与父母同住	22岁 合同员工 200	30岁 辞职 0 父母 500	35岁 派遣员工 150 父母 600	45岁 辞职照顾老人 0 父母 年230	54岁 父亲去世 0 父母 140	65岁 母亲去世 年24	75岁 24万日元 （年金）

一项研究证实了雨宫的看法。未婚及离异的单身老年女性的贫困率今后将呈上升趋势，2040年达到40%，到2060年，半数以上将符合最低生活保障的申领条件。做出这项骇人预测的是国际医疗福祉大学的教授稻垣诚一。

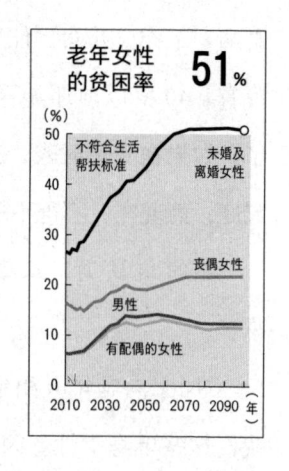

稻垣教授用计算机搭建"微观模拟模型"，对未来趋势进行了预测。从厚生劳动省的国民生活基础调查结果中抽取匿名12万人的数据，用计算机概率性模拟出每个人的未来。在现行制度和人的行为模式不变的前提下，用与现实相同的概率随机抽选决定出生、婚姻状态、就业状态、收入、年金、是否与父母同住、照顾老人等人生中的大事件。换言之，就好比一场"精确的人生游戏"。

将12万人的模拟操作重复100次，就能得到约1200万人次的人生预测数据，且误差基本为零。该模型还可以预测个人及家庭单位的未来收入分布，甚至模拟年金制度改革后的效果和非正式雇佣减少后的出生率变化趋势等。欧洲等地区已经利用该手段预估、分析政策成本及收益。

第 3 章　迷失的一代的受难　　113

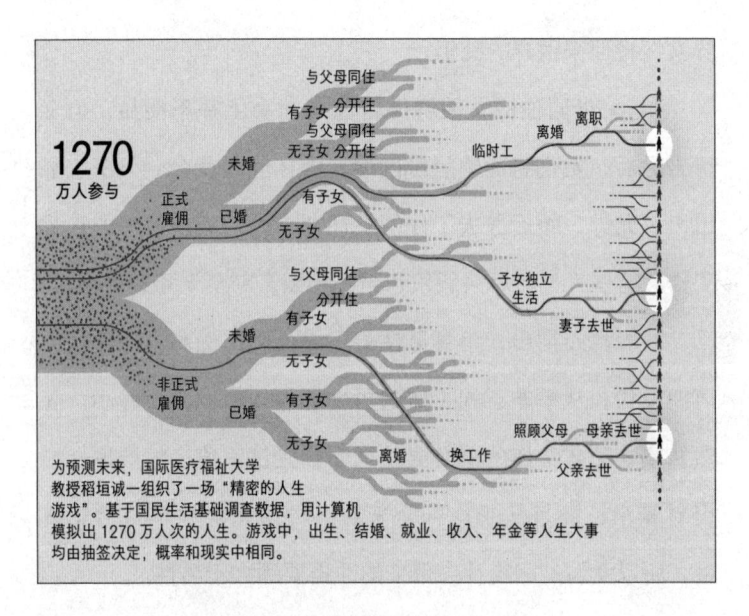

[图：微观模拟模型示意图]

1270万人参与

正式雇佣 — 已婚 — 有子女 — 与父母同住 / 分开住
　　　　　　　　　无子女 — 与父母同住 / 分开住
　　　　　　未婚 — 有子女
　　　　　　　　　无子女
非正式雇佣 — 已婚 — 有子女 — 与父母同住 / 分开住
　　　　　　　　　无子女
　　　　　　未婚 — 有子女
　　　　　　　　　无子女

临时工 — 离职 — 离婚
子女独立生活 — 妻子去世
照顾父母 — 母亲去世 — 父亲去世
换工作

为预测未来，国际医疗福祉大学教授稻垣诚一组织了一场"精密的人生游戏"。基于国民生活基础调查数据，用计算机模拟出1270万人次的人生。游戏中，出生、结婚、就业、收入、年金等人生大事均由抽签决定，概率和现实中相同。

从微观模拟模型看日本人的"老年生活"

➥ 向日本社会复仇

由于微观模拟模型已证实未来老年人口贫困率将会上升，稻垣教授进一步调查了未来遇到问题的人群以及将会遇到的具体问题。如他所料，就业年龄期间长年从事非正式工作或处于无业状态，并与父母同住的人群，也就是"单身寄生族"，将陷入贫困，但让他震惊的是，其中很多未婚和离异女性将迎来困窘的晚年。

"与父母同住的女性群体目前在社会上并不突显，但父母去世后，她们将面临经济困境，潜在问题就会一下子突显出来。此外，婚后辞去工作的女性在离婚后大多从事非正式工作。这些人年老后只能领到国民年金，甚至无年金可领。"

稻垣教授指出，单身男性的正式员工比例高。即便是冰河期世代，从事非正式工作的男性群体规模也比女性小。固然从事非正式工作的单身男性也面临经济困境，但群体规模相对较小，而且从平均寿命来看，男性比女性早六七年离世，所以女性贫困给社会带来的冲击要远大于男性。

"女性不仅将更加长寿，未婚、离异比例也将进一步增加，2050年时预计这一群体达到583万人，占老年女性的近三成。如果没有足够的储蓄，她们恐怕撑不到八九十岁。绝对数字一旦达到这么大规模，低保制度会兜不住。"

在不远的将来，日本将出现大批年老后不得不继续工作的女性。这仿佛是她们对长年榨取自己的日本社会的"复仇"。

第 4 章

退休前跳槽的决断
—— 我不当"妖精大叔"

➥ 留在公司是最好的选择吗？

与应届生统一招聘相结合的退休制，是"日本式雇佣体制"的一大特征。在政府机关或企业工作的正式员工中，很多人把"退休年龄"视为老年生活的开始。

企业如果采用退休制，必须在员工手册上写明退休年龄。随着日本人平均寿命提高，养老金的领取年龄推迟，退休年龄也被多次上调。

从"二战"后到 20 世纪 80 年代，企业的退休年龄普遍为 55 岁。在 20 世纪 50 年代开始连载的漫画《海螺小姐》中，54 岁的矶野波平便是一个临退休的人物。1994 年，国家修订《老年人就业稳定法》，禁止企业退休年龄低于 60 岁。此后又强制要求企业从 2013 年开始，通过上调退休年龄、以合同工等形式返聘已退休员工或者直接废除退休制等方式，保障老年人可以工作到 65 岁。

如序章中所提到的，2020 年，政府基于"一亿总活跃"口号进一步修订该法，将保障就业的年龄上限提高到 70 岁，在企业可以采取的措施中增加了"将退休年龄上调到 70 岁"和"向退休后成为自由职业者的员工发包工作"等新的选项，并决定从 2021 年 4 月起将其指定为企业的"努力义务"。但鉴于过去出现过多次将"努力义务"升级为"义务"的情况，保障老年人可以工作到 70 岁的条款未来也有可能成为对企业的强制性要求。

据总务省统计，2008 年 65 岁以上就业人数为 553 万人，10 年后这一数字增至 862 万人（2018 年）。其间，65 岁以上人口的就业率也从 19.7% 上升到 24.3%。考虑到对未来养老金的担忧，能多工作几年固然是好的。政府积极制定政策鼓励老年人继续工作也有其合理的一面。

不过，上调退休年龄也就意味着"老年生活"到来前的工作时间相应延长。继续待在公司维持现状对自己来说是最好的选择吗？还有没有其他的路可走？或许我们有必要尽早思考这些问题。关于老年人今后的工作方式，第 2 章中介绍的立教大学教授（人力资源开发论）中原淳这样讲：

"这取决于你期望的工作方式。要根据自身情况，想想自己想工作到多大年纪，怎样工作，拿多少（工资）。留在公司是一条路，放弃高薪去做希望做的工作也是一条路。我认为要有勇气自己决定自己的未来。"

与其被年轻人疏远，扣上"妖精大叔"的帽子，不如索性在退休前离开公司，挑战新的生活方式。这样打算的人可能会越来越多。接下来将介绍几位中老年人的事例，他们相信"自己的本事"，或者即便自信不足也鼓起勇气搏一把，早做决定迈出了下一步。

➥ 只招中老年人的企业

新冠疫情曾一度导致商业活动停滞。考虑到恢复也需要较长时间，很多企业开始招募提前退休人员，以削减劳动力成本。目标大多都是中老年员工。

与此相对，大阪有家公司不仅不撵人，还专门招聘有经验的中老年人。那就是从事设备器材制造与销售的佐野安控股。

米田康浩（60岁）于2016年离开松下来到这家公司。那年56岁的他，60岁退休即将到来之前思考今后的人生，决定"在新的环境里再挑战一把"。

米田于1981年毕业后随即进入原松下电器产业公司，做电视台视听设备研发25年，担当技术部门的业务策划9年，

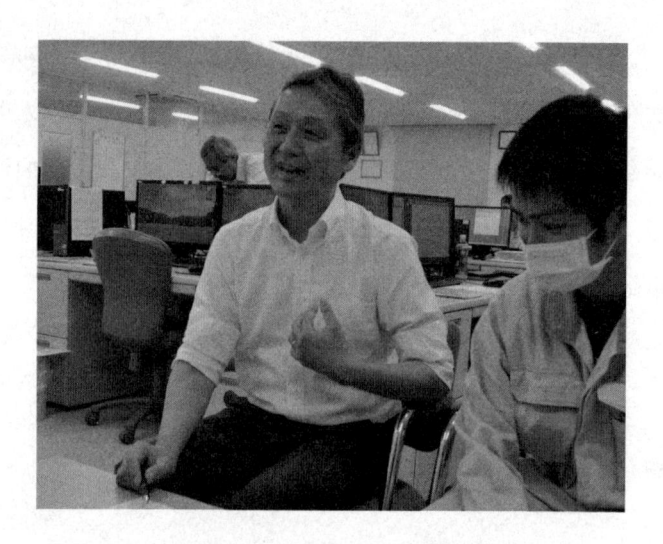

56岁跳槽到佐野安控股的米田康浩

总共在松下度过了34年。

来到佐野安控股后,他负责集团公司合并与新厂建设,现在还担任集团公司的董事。

"老实说,那些年干视听设备研发时学到的技术现在基本用不上,但在松下培养出的管理能力在这边派上了大用场。"

米田带我们参观了四层楼的办公区。"第二段上班族生活过得愉快。"他神清气爽地对我说。

佐野安控股创立于1911年,起先是一家造船公司。时值明治末期,日本先后打赢中日甲午战争和日俄战争,并缔结《美日通商航海条约》，收回关税自主权。佐野安控股挺过了几次时代的浪潮，但20世纪70～80年代受造船行业不景气影响，基本没有招聘应届生。公司注意到，"我们缺少胜任管理岗位的50多岁的员工，而这样的人才被埋没在大企业里"（上田孝社长）。于是该公司从2013年开始招聘资深人才，目前已招揽22名员工。50岁以上员工的工资自然要高于年轻员工，但即便如此，公司现在仍优先招聘管理岗位。

木村则彦（54岁）同样是从松下跳槽到佐野安控股的。1987年毕业后，他最先入职三洋电机。三洋被松下收购后，他随之被调到松下，在52岁来到佐野安控股之前在松下干了约30年，主要负责企业管理系统研发。他说换工作是为了"更近距离地接触客户，在规模更小的公司里挑战自我"，所以找工作时的选择也集中在工作内容相同的公司。如果65岁退休，他还能在新公司干13年。

"有了13年，我觉得还可以挑战一次。如果等60岁再换工作就只能干5年，太短了，所以当时决定辞职。"

木村准备什么时候开始过"老年生活"呢？

木村说，他没有给自己设限，目前打算一直干下去。因为2019年4月底到5月初黄金周的10天假期让他强烈地意识到，"每天都是周日的生活很难熬"。

52 岁离开松下的木村则彦

佐野安控股看重的是米田和木村在三洋电机、松下这样的大企业积累下来的经验。而他们两个能遇到赏识自己的公司也是幸运的。看着在新天地大展拳脚的他们神采奕奕的模样，我深深体会到在被劝退前主动迈出下一步的重要性。

➥ 从知名服装公司转行

"和我同期入职的那批人，还留在公司的今年都要退休了。多亏七年前做出这个决定，我很庆幸自己现在还能继续工作。"

2020 年 11 月，横山祐二（59 岁）在电话里感慨地说道。

初识横山是在 2019 年 2 月。在东京表参道举行的活动现场，一个男人正在向参与者分发盐烤红点鲑。高大挺拔的他穿围裙的样子很潇洒。

横山是经营福岛县川内村温泉馆和餐厅的第三部门组织"阿武隈川内"的董事，也是开发及销售特产的合同公司[①]"川内屋"的法人代表。

横山祐二和妻子宣代，每天早晨和爱犬一起散步

[①] 日本公司法以美国的有限责任公司（LLC）为原型创设的公司形态，公司所有职员对公司的债务负有有限责任。

2011 年东京电力福岛第一核电站事故发生后,川内村被要求"全村避难",一时间人口降至零。现在居住限制已经解除,约有 2500 人生活在村子里。

活动现场尝到的盐烤红点鲑堪称绝味。在清澈溪流中长大的河鱼味道鲜美,恰到好处的盐分又使它多了一份香甜。菜品香气四溢,让人回味无穷。

横山生长在青森,毕业于明治大学政治经济学院,于 1983 年入职知名服装公司三阳商会。上了年纪的人或许会想起长岛茂雄出演的西装广告"三阳先生",不过它最有名的身份恐怕要数英国时尚品牌"博柏利"(BURBERRY)的日本授权经营商吧。

横山在三阳商会做销售,业余还参加公司橄榄球队的训练,度过了充实的职场人生。

"公司主打外套,所以冬季很忙。夏季可以休个长假,去参加橄榄球和高尔夫集训,让工作有张有弛。那是一家很照顾员工的好公司。"

然而,横山的人生航线迎来了巨大改变:有着 50 多年合作关系的博柏利决定授权合同到期后不再续期。

这件事在 2012 年底传遍公司。两年半以后,公司将失去这个占 1000 亿日元销售额约一半的主力品牌。横山回忆道:"当时公司高层普遍认为员工人数过多,可想而知公司的氛围将会变成什么样。"

横山那时负责两个品牌,还是统筹全国百货商场销售业务的部长,但他依然决定申请自愿退休。那一年他 53 岁。

2013 年 6 月,横山退休了。对于今后干什么,他早已做好决定。

身为一个东北人,他想为海啸灾区重建贡献自己的力量。然而在日本财团举行的志愿者说明会上,他痛感"在座的都是电力、通讯、土木、医疗行业的人,我这个干了 30 年服装的人派不上用场"。

➡ 给醉汉和臭脚顾客做理疗

于是,他把全部精力用在考取退休后可能派上用场的执照和资格证书上。为了"胜任任何工作",他考了大型特种车辆驾驶证,参加叉车和车辆类建筑机械的技能培训,甚至取得了物理疗法治疗师和驯犬师的资格证。

其中,在实际工作中用到的是物理疗法治疗师资格。那段时间他在千叶市内家附近的一家沙龙工作。

"真是什么样的客人都有。喝醉的、体味特别重的、脚臭的……给他们做理疗也有过心情复杂的时候。好歹我过去也是上市公司的员工啊……"

能否在这个行业立足取决于能发展多少自己的顾客。身高 1.83 米、体重 90 公斤的横山力气大,"块头大的客人和职业高尔夫选手喜欢'力道大一点',都开始指名找我做"。干了四个月后,两只手都得了腱鞘炎,但他在接受针灸治疗的同时仍坚持工作。

即使拼命干,月收入也只有 20 万日元左右。销售额的三分之一必须付给沙龙的经营企业。如果请假,收入就变成零。他切身体会到,有稳定收入的上班族是多么幸福。

后来,他在职业中介的介绍下到一家床上用品生产厂工作,却成了一段苦涩的经历。对产品质量和经营方针的质疑使他干了三个月就辞职了。"这段经历让我再次体会到三阳商会的产品生产是多么严谨优秀。"

2014 年春天,职业生涯迎来转机。三阳商会橄榄球队的前辈邀请横山去川内村的温泉馆帮忙。

横山从来没有去过川内村,但既然要好的前辈邀请,他二话不说就答应下来。从黄金周开始前的 4 月下旬起,他作为时薪 850 日元的兼职工开始了馆内繁忙的工作。

早上 7 点开始用两个多小时对馆内进行彻底打扫，之后在前台接待顾客，5 个月干下来他瘦了 8 公斤。

让他最终下定决心在这里工作的是在这里结识的人们。他和员工还有社长结下了深厚的友谊，最后在送别会上流下了依依不舍的眼泪。

这次经历为他拉开了第二人生的序幕。2016 年 6 月，横山以一名移居者的身份回到了村子。

➥ 从"1 件 10 万"到"100 条 5 万"

横山在"阿武隈川内"工作。这是一个由村子出资的服务业机构，29 名员工打理温泉馆"川内汤"、餐厅"幻鱼亭"和住宿设施。

横山成了实质上的管理者。他说："这把年纪还能遇到这么有干头的工作，觉得很感恩。如果留在之前的公司，恐怕早就没有干劲了。"

在采访横山的过程中，我注意到保持工作积极性的几个要点。

第一个要点是切实体会到"自己为这家公司做出了

贡献"。

他首先贯彻了"数字化管理",呼吁员工不满足于现状,要制定目标,"对每天的销售业绩保持敏感"。他很重视没能达成目标时的"失败教训"。看到这些对每个上班族来说最为基础的经验在这里派上用场,横山感到很欣喜。

2019 年夏天采访时,横山告诉我"三年过去,目标只实现了 10%",他指的目标是"顾客至上"理念的渗透。

横山工作了 30 年的三阳商会虽然是一家服装公司,却非常看重"服务精神"。他们会用"盖一栋独户住宅的成本"在商场里打造一个店铺,为顾客提供细致入微的服务。这种服务体验的价值得到顾客认可,因此,10 万日元的外套和 4 万~5 万日元的裙子也卖得很好。

而现在,横山销售的产品是 500 日元一条的红点鲑和 600 日元的温泉馆门票。费尽心思卖出 100 张门票,为温泉馆招揽 100 个顾客,销售额也不过 5 万~6 万日元。

三阳商会一件外套卖 10 万日元有它的道理。要让顾客愿意为红点鲑料理和温泉馆的服务支付更多的钱,也需要创造"道理"。

横山得出的答案是"服务精神"。每名员工多为顾客着想一点,积少成多,就能切实提升顾客体验。为此,提供服务的团队必须"一条心"。

然而现实并没有预想的那么顺利。

"川内汤"实行全年无休制的提议遭到员工强烈反对；更衣室的空调坏了，整个夏天都没修好，只能让顾客在闷热的空间里更衣；店员在店面和装修高档的餐厅里向顾客推销餐券；至少在周末安排一名大堂服务员的建议被当作增加工作强度……

即便如此，横山依然觉得他们向成功迈出了第一步。他说："过去大家对顾客提的要求很反感，现在氛围有所改善，能满足的会尽量去满足。"2019年的黄金周和暑假旺季，店里放弃休息日，实现了无休营业。

➡ 一切从头开始的优势

保持积极性的第二个要点是"明确的目标"。横山有一个无论如何都想在这里实现的目标——把营业额恢复到震灾前的水平，让公司具备独立运营的能力。

大地震发生以前，"川内汤"每年接待顾客数量约10万人，而现在是5.5万人。把顾客数量增至7万就能扭亏为盈。

但只要周边地区的行政机关以及富冈町、大熊町、南相马市和浪江町没有更多的人回来生活,顾客数量就难以继续增长。

横山的工作与"福岛灾区复兴"这一艰巨的挑战连在一起。

第三个要点是对"乡村风气"的妥协。

乡村生活有数不尽的城市里没有的优点:早晨遛狗时,一辆轻卡突然停下,司机送来多到吃不完的蔬菜;年收入虽然只有当上班族时的一半,但一分钱不用花的日子也变多了;过去上班坐公交和地铁将近两小时,如今开车只要三分钟。

而乡村社会同时也有不便对外说的一面。特有的权力结构和蛮不讲理的做事方式有时也让横山恼火。论资排辈、敷衍了事、排外等,在这里生活面临的难题也不少。

横山是个有话就说的直肠子,但在村子里,他也会注意措辞,避免误会。

在采访中我问他:"大型特种车辆驾照和叉车驾驶证在川内村派上用场了吗?"

"完全没有。"横山笑着说。在现在的工作中,到头来派上用场的还是三十年上班族生活中锻炼出来的管理能力和前辈教给他的"顾客至上主义"精神。

"要说其他有帮助的,就是就算时薪800日元也什么都干的决心吧。把过去全部清零，一切从头开始的经历对我影响很大。"

具体是什么样的影响？

"我摆脱了过去的束缚，不再想自己曾是上市公司的管理者，手下有几个下属了。所以就算曾经是销售部长，我也能在温泉馆当前台，给高中生团体当领队，什么都愿意干。"

从头开始的决心，这听起来平淡无奇，却最震撼人心。不管在哪里做什么，都要混口饭活下去。横山的经历让我感到，决断的勇气是在百岁人生时代开启第二人生的最重要的条件。

疫情期间，温泉馆、餐厅等场所被迫暂停营业，经营陷入困境。但这并没有浇灭横山的热情，他依旧在各地奔波，为特产开拓销路。

➡ 移居到极限村落

下面这个故事的主角是一家外资制药企业的部长。他提前退休后，参加国家项目到新潟县鱼沼市种水稻。从城市移居乡下，这点和上文中的横山相同，但从职场转到农业社会，与从一个企业跳到另一个企业相比，需要的决心是不一样的。

2016年9月的一个早上，在外资制药公司杨森制药担任部长的西村晓良（53岁）从水道桥站乘坐JR总武线去上班，路上忽然冒出一个想法：

"要不要辞职呢？"

西村被自己的想法吓了一跳，但又觉得很有道理，于是当天和领导说明了情况，年底通知下属，2017年3月底离开了公司。

西村对工作没有不满，同事也都很友善，但他不打算在制药行业干下去了。

西村出生在岐阜县高山市，从信州大学农学院毕业后，1988年进入大洋药品工业（现武田梯瓦制药公司），被分配到位于东京的新药研发部门。

当时新药研发领域比较自由，新人也可以参与从基础工作、临床试验到申报的整个流程。而厚生省（现厚生劳动省）于1990年出台《药品临床试验实施标准》（GCP），对质量管理提出细节要求后，分工逐渐成为行业主流。加上研发成本上涨，大洋药品决定退出新药研发领域。

西村想继续从事新药研发工作。1998年，他跳到了在报纸招聘栏上看到的一家外资企业。那是一家制药承包商，从制药公司承接新药研发流程中的部分工作。西村负责安排临床试验的相关事宜，和各家医院打交道。

一段时间后，他升任经理，手下有了10名下属。但他并不擅长培养下属。一次，下属找他倾诉人际关系上的烦恼。他自认为是个耐心的倾听者，但下属却很不满。下属似乎希望他站到自己这边，而他保持中立的态度伤到了对方。

西村觉得管理岗无聊，2002年又跳槽到杨森制药。他希望继续在一线工作，哪怕降薪也无所谓。即便如此，年纪大了，免不了晋升管理岗。他再次当经理带下属。不过这次他的心境有了变化，已经能够体会到指导新人、见证新人成长的喜悦。

工作上顺风顺水，他参与了拔牙后使用的止痛剂盐酸曲马多/对乙酰氨基酚组合片的国内申报（2011年）等项目，2014年10月升任研发总部部长。

➥ 默默忍受拥挤电车是一种幸福吗？

那段时间，应公司要求，西村开始利用每天到岗前的一个半小时上英语会话班。在那里他遇到了一名来自南非的60

多岁男老师。

西村惊讶于这位老师的"博学"。他对日本的历史和文化也了解不少。一次他们聊到日本被卷入第一次世界大战的原因，明明是自己国家的历史，西村却几乎一无所知。

公司的学费补助只发放半年，之后西村又自掏腰包继续学了半年。有一天，老师问他：

"每天早上在拥挤的电车里摇来晃去，你们日本人很幸福吗？"

这个问题让西村开始思考自己的人生。

年轻时他可以有底气地说，自己的工作对得起这份工资。升任部长后工资涨了，但感觉工资和工作内容的差距也大了。他曾把这个想法说给下属，却没有得到共鸣。

西村还有一个心结——觉得自己不如两个哥哥。大哥是日本料理大厨，二哥是专门修建神社、寺庙的木匠。他们全靠自己的本事打出一片天地，让西村很崇拜。

（我自己又做得怎样呢？）

我为什么会觉得自己不如他们？到头来，自己对新药研发这项工作并没有足够的自豪感，不是吗？

西村向妻子坦白辞职的打算。妻子也在制药行业工作。她的答复是："好啊，不过不许当无业游民。"

➡ 给自己的考验

在决定辞职的不久前,西村开车到新潟县十日町市兜风时看到的水稻田给他留下很深的印象。从杂志上得知"地区振兴合作队"在东京有一场队员招募活动后,他前去参观了十日町市的展位。

地区振兴合作队是总务省 2009 年度开设的项目,旨在吸引城里的年轻人到乡下居住、创业,并鼓励他们最终定居当地。地方政府获得国家补助,负责招募队员。招募队员的合同形式有的是兼职员工,有的是业务外包,由地方政府自行决定。

据总务省公布数据,队员人数呈逐年增长趋势。2009 年首年度的队员总数为 89 人,覆盖全国 31 个地区;2019 年度达到 5349 人,覆盖地区也增至 1071 个地区。其中 20~39 岁约占 70%,40~49 岁约占 20%,50~69 岁约占 10%。

西村走近十日町市的展位一瞧,里面挤满了年轻人,他感到这里并不需要自己。

"想干农业吗?"

就在这时,鱼沼市的工作人员叫住了不知所措的西村,推荐他移居到福山新田地区。

福山新田是一个坐落在海拔 350～400 米山坳里的村落，距离市中心大约 40 分钟车程。约 300 年前，这里正好处在连接现在的新潟县长冈市与福岛县会津若松市的道路沿线，因而得以开发。现在 130 名左右的居民中，65 岁以上已占大半，也就是所谓的"极限村落"①。这里还是冬季积雪深度可达 4 米的暴雪地带。

西村想，既然是给自己的考验，那么这种极限环境更适合。于是，2017 年 4 月，西村辞职后马上搬到了福山新田。

时值春季，他从前任队员手里接过 0.25 公顷的水田后，马上开始挑战无农药种植水稻。开拖拉机犁地，放水；插秧后为了让根系发育，还要暂时把水抽掉。西村一边学习一边独自完成了这些农活。

要提高产量，除杂草不能偷懒。如果有杂草种子残留，第二年的收成也会受影响。每次除草持续一周，每天从早到晚干八九个小时，在收获前一共进行了三次。

西村并不厌烦。他听着鸟儿、虫子和青蛙的叫声，感受着风吹过，思绪万千。在东京，很多人还在拥挤的车厢里摇摆。他觉得自己已经别无所求了。

---

① 指 65 岁以上人口占总人口 50% 以上且基础设施的维护管理、婚丧嫁娶等共同生活的维持能力已接近极限的村落。

在无农药稻田前露出笑容的西村晓良

西村不会忘记第一次收获的大米的味道。过去他一直认为米饭要仔细咀嚼后就着菜吃。但这里的一碗白米饭也让他吃得很香，根本不需要菜。他把大米寄给过去的同事，也得到了他们的称赞："我家不爱吃饭的孩子竟然吃了两碗。"

➡ "不失为退休前的一个选择"

2004 年关闭的福山小学的体育馆办公室成了西村在福山新田的工作场所。入口处放置的手绘招牌上写着

"HOKONSYO",在当地方言中表示"俺们这儿的人""打扰了"的意思。

农活之余,西村还和村民们携手经营"山间生活体验游",从城市招揽游客。他还和昭和女子大学(东京)合作,担任学生田野调查的地陪。这些经历让他对合作队有了新的认识。

"那些快退休的公司职员,孩子大了不用再操心,也有一定的储蓄和体力,但在公司里得不到精神上的满足。对他们来说,移居乡下不失为一个选择。"

据总务省调查,在2019年3月底结束任期的队员中,约六成选择留在当地生活。对苦于少子高龄化和人口减少的地区来说,新生代的力量是充满魅力的。

福山新田也需要人力。就算是村里的原住民,六七十岁以后也会因背不动30公斤的米袋等原因,把稻田托付给年轻人打理。还有费力气的冬季除雪作业,到了六七十岁以后也依然是生活的一部分。何况这里医院少,距离村子远,医疗条件确实不如城市。身体不好的老年人要想移居过来,恐怕会有困难。

国家规定,合作队队员的人均经费上限为每年400万日元,其中酬劳最高250万日元(2019年采访时的数据)。鱼沼市和队员签订业务委托合同，每月支付 18 万日元作为酬劳，租车费、油费和居住费用额外提供。一部分食物和水可以自给自足。西村说："只要不网购太多东西，就能余下些钱。"

不过，年轻人或许会打算将来成家生子。在没有积蓄的情况下移居至此，只靠这点收益在短短三年里成家立业并非易事。如果一开始多少有些积累，心情也能从容一些。

➜ 20 岁和 50 岁都是"年轻人"

此外，西村向同龄人推荐合作队还有一个原因，那就是上班族拥有销售、策划等工作经验。这些看似和乡村生活无关，但其实不管哪个行业，只要在公司干过多年，就具备足够的毅力和韧性，能够完成合作队"三年内做出成绩"的任务。

西村说："在公司里会经历高层和直属领导更迭等各种变故。一直待在公司的人应该都被磨出了很强的忍耐力。"

队员的想法不一定总能得到当地居民的支持。而公司里的人即便被拒绝一次，也不会轻易放弃。在搜集资料并通过无数次沟通获得对方的理解这方面，他们理应拥有丰富的经验。

例如，商讨接待昭和女子大学的学生时，一些居民表示反对，但西村坚持不懈地说服他们。接待事宜敲定后，为了让学生们更好地得到成长，他又尽量退到二线。这是他在管理岗带下属时学到的技巧。

招待外地人的活动变多后，西村留意到"迎新准备"给居民们增添了不少负担。于是最近他着手建立了一项新制度，让城里来玩的人可以住宿在村落的空置房里。

通过申请"新潟劳金福利财团"（新潟市）的地区振兴支持补助，空置房的修缮费用有了着落。西村过去为新药申报筹备过大量资料，对他来说，准备申请资料并不为难。空置房被命名为"迎宾馆福山分馆"，于2020年夏天开放，供到访村落的人住宿使用。

周围人怎样看待西村的行为呢？在福山新田从事振兴活动的另一名队员岛田雄（24岁）很敬佩西村："他做的很多事，要换我来估计早就放弃了。"

岛田从东京私立大学毕业后随即成为队员，2018年4月上任。他也受到了其他地方的盛情邀请，但在就任前的参观体验中结识了西村。他被直言提醒，"刚大学毕业就参加合作队可能会遇到很多困难。"西村坦率的作风和亲切真诚的为人反而感动了岛田，使他选择了福山新田。

我们也采访了生在福山新田，除外出务工以外一直居住在这里的村落长老佐藤文作（83岁），请他讲讲对西村的印象。

佐藤表扬了西村的积极性，"生活上有什么不懂的都来问我，"还表示了感谢，"我不懂的东西他也都悉数教给我。"他说西村教会他使用聊天软件，现在他可以和住在埼玉县的孙子聊天了。

我们向佐藤提出了一个问题："您觉得20多岁和50多岁，哪个年龄段更适合移居？"可问了好几次，老人的回答都是："嗯……这有什么区别吗？"

起初我们以为老人这样说是为了顾及他们两个的面子，但后来在采访负责福山新田鱼沼市的村落援助员星绫子（54岁）时，她的一句话点醒了我们：

"在村子里，他们俩都是年轻人。"

在福山新田，60岁和70岁也都是宝贵的劳动力。在83岁的佐藤眼中，53岁的西村和24岁的岛田无疑都是年轻人。

鱼沼市从2014年开始招收合作队队员。最初的招收条件中设置了50岁的年龄上限，但后来他们取消了这项限制。

星绫子介绍道："我们担心移居过来的人适应不了环境，没过多久就回去。这种情况对移居方和接收方都会造成伤害。现在比起年龄，我们更重视移居者和当地居民的契合度。"

➡ 工作与生活

2020年3月底，队员任期结束后，西村选择了留在村落。他和市里重新签订"地区振兴顾问"的委托合同，为希望移居到该市内所有辖区的申请人提供支持。他感觉新冠疫情期间，希望从首都圈等地移居过来的人更多了。或许现在正是大家重新审视职场人生的好时机。

不过，最终下决定还是有难度。比如许多前来咨询的同龄人很关注"年收入会不会减少"，不能接受收入减少的话，很难下决心移居。还有很多人把移居地想象成公共商业设施相对完善的"小县城"。西村在介绍福山新田的生活情况时，经常为缩小想象与现实之间的差距而煞费苦心。

西村在参加东京都内的一场活动时，和一位来到现场的老年女士聊了很久。那位女士离开后，工作人员告诉他，"那个人每次活动都来,她不会移居的。"这让西村陷入了沉思。

难道说在城市里,越来越多的老人退休后无事可做,就连聊天对象也找不到了吗?而村子里的老人们每天都很忙碌,"工作"和"生活"之间似乎没有明确的界限。老人们的工作不只有农活。打扫房屋周围和水渠,打理后山,入冬准备等,要做的事有很多。他们什么事都会下意识地自己去处理,从清晨到日落,大部分时间都在忙碌。

相比之下,城里的生活又是什么样?服务理所当然地要用金钱购买,工作与生活之间界限分明。金钱的重要性毋庸置疑,但村落的生活让我意识到,"挣钱"与"工作"未必可以完全画等号。

在西村看来,政府和企业提倡的"工作方式改革"视野未免过于狭隘。

"现在急需的不是'工作方式改革',而应该是'生活方式改革'吧。"

当初刚来到村里时,每每被村里人问到"怎么来这种乡下小地方",西村就很难过。如今进入第四个年头,他很高兴听到越来越多的人对自己说"你能来真好"。西村说,虽然面对哥哥们的自卑感还没有完全消失,但自己在考验中也有了一些成长。就算只活到 80 岁,也还能再奋斗 30 年。

📝 记者札记　疫情给"日本人的老年生活"带来了哪些改变?

从最初发布"无退休社会"的人物纪实报道到本书撰写完成期间,世界遭遇了巨大变故——新冠肺炎疫情。

这场巨变对受访者们的生活,乃至全体日本人的老年生活带来了什么影响,将来又可能产生什么影响?对此,我们在条件允许范围内进行了跟踪采访,并将这部分内容添加到各章节的相关部分。让我们通过几个要点,一起探索"与疫情共生时代""后疫情时代"社会与老年生活应有的形态。

首先,我们身边正在发生什么?受经济停滞影响,企业纷纷加速裁员。据东京商工研究所统计,截至2020年12月,宣布招募提前或自愿退休人员的上市企业已超过90家,招募企业数量之大,仅次于次贷危机发生后的2009年(191家)。第2章中介绍的"妖精大叔"等中老年正式员工今后或将面临更大压力。用"放逐小屋"摧残精神、劝退员工的悲剧很有可能再次上演。

女性的处境更加困窘。2020年4月,女性就业人数环比减少约70万人(为男性的两倍)。此后虽然有所回升,但在服务业和非正式岗位上工作的女性受到极大的冲击。正如第

3章中提到的，女性自杀人数（速报值）从6月开始同比增长，10月达到851人，同比增长了约80%。

应届生的就业情况也随着全日空和日本航空取消应届生招聘而变得愈发严峻。2021年春季毕业的大学生的求职内定率为69.8%（2020年10月数据），同比下降了7个百分点，与受2008年次贷危机影响最大的2010届毕业生持平。求职季正赶上疫情的这一代人恐怕会成为第3章的主角"迷失的一代"的翻版。

顺便一提，疫情前一年的最终求职内定率为98%，创历史新高。"只因毕业年份不同，境遇就天差地别。"（东京大学教授本田由纪）如果再次出现这种情况，就会出现新的生活不稳定人群。

年轻人生活不稳定会直接影响到出生人口。2020年出生人口预计将降至85万人以下，2021年或跌破80万人。疫情或许将进一步加剧日本人口金字塔的不稳定性。

特定领域的劳动力短缺问题将愈发严重。比较突出的是疫情下受到关注的必要行业工作者，第1章中介绍的保安员便是典型。在全行业有效求人倍率（月数据）跌破1的2020年6月至10月期间，包括保安员在内的"安保岗位"求人倍率一直保持在6上下。国家以重振市场活力、"国土强韧化"

为由扩大公共事业，这种背景下，预计今后劳动力缺口会进一步加大。保安是为数不多能够为老年人提供工作机会和稳定生活的行业，基本工资却低于全行业平均值将近10万日元。如果不解决这一待遇上的差距，最终将导致这一社会必要行业的瘫痪。

疫情推动了远程办公模式的普及和数字化转型的发展。固守传统的工作方式只会让企业停滞不前。在这个背景下，《新版老年人就业稳定法》从2021年4月起，将"为有意愿的员工提供能够工作到70岁的就业机会"规定为企业的努力义务。第6章会介绍一些先进企业的事例，它们通过新制度提高员工积极性，帮助他们在60岁退休后继续幸福地工作。第5章重点关注的千叶县柏市和德岛县上胜町帮助老年人适应数字化转型的事例也可作为参考。在日本人口整体急速减少的趋势下，能否用好老年人才或许将左右企业和地区的命运。

还有一个趋势——人们开始逃离人口密集、传染风险高的大城市。总务省发布的居民人口动态报告显示，2020年7月至11月，东京连续五个月人口迁出大于迁入。像第4章的主角们那样，从工作方式改革转变为生活方式改革，在退休前离开公司迈向第二人生，这条路越来越具有吸引力。如果你愿意放下面子和桎梏，比起世人的目光，更看重为他人做出的贡献，并打算去"60岁也是年轻人"的乡下寻找出路的话，那么你一定要读一读他们的事例。

不能忘记的还有扶持下一代人的成长。

2020年9月，自民党新总裁菅义伟（71岁）和平均年龄逾七旬的党内四大要员碰拳的照片，与2019年芬兰诞生的34岁女总理和其他党派的30多岁党首的合照一起在社交网络上流传，网友纷纷感慨日本代际更迭迟缓。老一代恋栈不去确实会影响下一代的成长。有观点认为，造成"妖精大叔"现象的原因之一是几代人之间缺乏沟通。第6章介绍的先进企业在改善老年员工待遇的同时提高应届生起薪，以避免代际矛盾。

不管我们能健康工作多久，每个人都终将老去。迷失的一代以及疫情下暴露出问题的非正式员工，他们的"自助"养老能力非常有限。他们只能长期依靠强制参保但本质属于"共助"的年金和医疗社会保险，以及最后的安全网——最低生活保障和社会福利的"公助"。支持终身领取的公共年金对他们尤为重要。至今为止，讨论"假如活到平均寿命，几岁开始领养老金最划算"的文章经常出现在文娱报刊上。今后这一观念需要转变。尽可能多工作几年，把储蓄灵活运用起来，推迟年金的开始领取时间，以领到更多的年金。第6章将详细介绍这种被年金专家称为 WPP 的理念。

在与疫情共存的现在，就连几个月之后的社会形势也难以预测，我们又该如何为"后疫情时代"的老年生活做准备？采访团队将继续探寻这个问题的答案。

《朝日新闻》编辑委员 滨田阳太郎

经济部劳动组记者 志村亮

第 5 章

工作到最后一刻
—— 向前看的老人们

➡ **为什么还要继续工作？**

前几章主要介绍的是年老后为了钱不得不继续工作的老人，以及对即将到来的老年阶段感到不安、烦恼并做出各种抉择的中年人和年轻人。不过老年人继续工作不只出于经济原因。本章将讲述几位没有经济压力却主动选择继续工作的老年人的故事。

现在65岁以上的人，如果长年就职于公司或政府单位，到规定年龄退休后，多数情况下厚生年金和储蓄足以维持日后的生活。在体力和精力逐渐减退的晚年，从生活费的担忧和劳动义务中解脱出来可以说是老年生活本该有的形态。

虽然如前文所展现的那样，现实中养老金和储蓄不够用的老人越来越多，但不用工作、安度晚年依然是每个人的理想。每天按时上班，被职场上复杂的人际关系蹂躏，做着不想做的工作，从这一连串的桎梏中解放出来才是对长年工作的人在年老后的报偿。

然而，在经济宽裕的老年人当中，也有一些人主动选择继续工作。其原因何在？

带着这个疑问，我走访了那些自愿在年老后继续工作的人们。

➡ 在养老院工作的老人

千叶县柏市以日本职业足球联赛柏太阳神队的大本营闻名。生活在这里的镰田胜治于2017年，也就是76岁那年，"入职"了市内一家特别养护养老院。

我第一次来到这家名叫"八幡苑"的特护养老院是在2019年秋天。78岁的镰田头戴贝雷帽，腰板挺得笔直，出现在我面前。

我先请他展示了平时的工作内容。这家养老院接收了许多需要很多护理的老人，患痴呆症的也不少。老人们并排坐在宽敞的大厅的沙发上，一动不动地看着电视，镰田则动作娴熟地在一旁拖地。走起路来大步流星的身影让人完全想不到他已年过75岁。

在许多老年人接受优质护理服务的这家养老院，和他们同辈的镰田却像年轻人一样麻利地工作。这幅画面让我不禁感慨人生百态。

国家将 65 岁以上的人统称为老年人,但他们的身体和精神状态却不尽相同。我再次体会到,给他们一律贴上"老人"标签,则无法把握超高龄社会的现状。

养老院里还住着很多坐轮椅的老人。只见镰田走近一辆轮椅,把手压打气筒的接头熟练地插进橡胶轮胎的气嘴,开始反复压下和提起手柄来充气。坐在轮椅上的女士不知是已经习惯了,还是没有注意到,对身边打气的镰田看都不看一眼。

"这样我们双方都轻松。有时候他们也会抱怨或大叫,

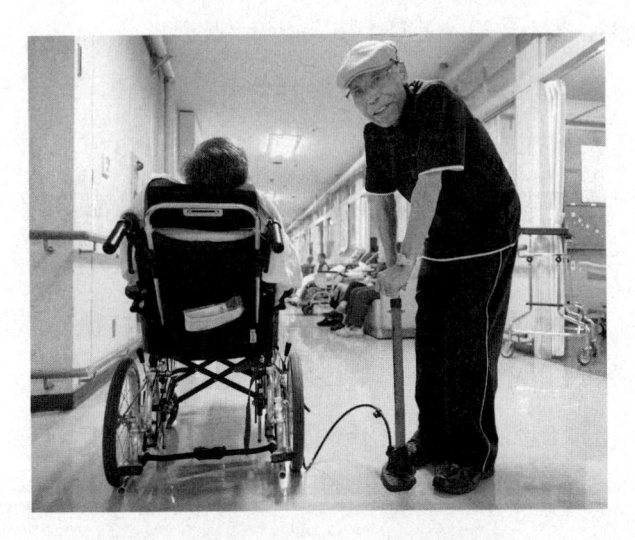

在护理机构工作的镰田胜治给轮椅的轮胎打气

但我不能感情用事，道歉就是了。"

➡ 虽然养老金也够用

镰田每周来这家养老院工作两三天。打扫院内院外、洗车、割草、换灯泡和荧光灯管、开车接送老人去附近的医院等，凡是派给他的杂务，他都乐意去做。听说连家具和门窗的小修小补也都由他包揽。

"工作是一件很快乐的事。与人接触、结交朋友的感觉很棒。我过了 70 岁才终于意识到这一点。"

镰田手巧是有原因的。他 16 岁开始当鞋匠，负责缝合鞋面皮革的工作。他在一家著名鞋厂制作一双 3 万日元以上的高级男鞋，每天做 25 双，做了半个多世纪。到了退休年龄后又去关联企业上班，直到快 75 岁，也就是几年前才退休。孩子们都独立了，他和妻子两个人生活，领着丰厚的养老金，并不为生活费发愁。那么他为什么要继续工作？

"和上班的时候心情不一样，退休后没事做就会不知所措，浑身难受，感觉老得更快了。我除了喝酒没有别的爱好，又不喜欢打高尔夫。"

辞去工作后，镰田先休整了一年。他给自己定下每天走一万步的目标，加入当地的中老年业余棒球队，打7号位中外野手。但他感到没有工作的生活很无趣，每天提不起精神，靠喝酒消磨时光。

"就这点来说，这里的每件工作都做得很开心，搞不好比过去做鞋子还开心。在这里有机会和很多人聊天，感觉很好。"

镰田告诉我，这里的工资顶多也就每个月五六万日元。虽说不为赚钱，但每个月从这笔钱里拿出一些给上高中的孙子当零花钱也是一件乐事。

对于工作了50多年、工作已经融入日常生活的镰田来说，无事可做的日子总会觉得空落落的。而且不管到多大年纪，被人需要的感觉都很重要。工作的确可以给人提供一份存在价值和栖身之所。

➡ 筛查中查出的疾病

雇佣老年人的一方又是怎样想的呢？对城市地区的老年护理机构来说，劳动力慢性短缺是一大难题。护理岗位的有效求人倍率居高不下，达到四倍甚至五倍，即一名劳动力对应四五份岗位需求。在这家养老院，老年人也是宝贵的劳动力。

"其实我们这里的老人更欢迎年龄相仿的工作人员，因为聊得来。对一些脾气暴躁的痴呆症老人，他们能理智地妥善应对，也没有虐待老人的危险。人生阅历丰富的人就是不一样。"该养老院的总务中村荣作（45岁）这样说。年龄上，他和镰田足以当父子，在工作上，他却经常给镰田排忧解难。

"是啊，当初就是中村先生邀请我来这里的，他说待在家也只会胡思乱想，不如出来工作。"

接过话头的镰田犹豫片刻后，道出了一件出乎我意料的事。

"老实说，我在半年前的筛查中确诊胃癌了。"

镰田被诊断为属于晚期的四期癌症，他决定不做手术。现在每月服用一次抗癌药物，副作用使他浑身无力，体重从63公斤降到50公斤，最爱的酒也不能喝了。

"只有在工作和别人聊天时，才不会胡思乱想，否则总会想自己是不是活不了几天了。现在医生也说我情况良好，工作没有问题。不，应该说是工作让我状态这么好。"

癌症晚期的镰田虽然生命已进入倒计时，却依然开朗、充满活力地工作。我一时不知该对他说些什么。直到采访结束，我没有再问及病情。

➡ 工作到终点前的最后一步

几周后，我打电话到镰田家核实采访内容。接电话的是镰田的妻子贵子（75岁）。我说明来意，却得到了难以置信的答复。

她说刚办完镰田的葬礼。接受采访几天后，病情突然恶化，他向养老院请了几天假，10月中旬开始住院，月底就离开了人世。

采访时精神矍铄的模样让我们丝毫没有察觉，他的病情已经到了那么严重的地步。

"能接受采访，他可高兴了。"贵子对我说。

"确诊后，我好几次劝他别再工作。可他总说他愿意工作，拦也拦不住。"

直到去世前不久，镰田都在充满活力地工作。我忽然陷入沉思：如果换作自己，我会怎样度过人生最后的一点时间？对镰田来说，"工作"就等于"生活"吗？

养老院的中村回忆道:"很多老人生病后喜欢待在房间不出来,而镰田先生却继续快乐地工作,与人交流,为社会做贡献……或许社会今后就需要像他这样的生活方式。"

在有限的剩余时间里,和很多人接触,坚持工作到终点前的最后一步。人生的最后一程原来还可以这样走。

➡ 在典型的卫星城开展的社会实验

其实镰田居住的柏市是全国著名的老年人就业先进地区之一。从十年前开始,这里开展了一项促进老年人社会参与的"实验"。

该市人口43万人,坐JR常磐线大约40分钟直达东京站。特快列车的开通使交通更加便捷,这里是首都圈向郊外延伸的典型"睡城"。

大部分上班族一大早去东京上班,回家时往往已是深夜,所以日间人口和夜间人口差距极大。而且常住人口多为泡沫时代前后在这里买房的团块世代,现在必然迎来迅猛的老龄化趋势。也就是说,曾经那些回家只为睡觉的男性"柏市东京人"即将退休,正式开始在这里"生活"。这类人群众多的柏市可谓首都圈郊外卫星城的典型。

东京大学老龄社会综合研究所注意到柏市的这一特点，于 2009 年和柏市政府以及独立行政法人都市再生机构（UR 都市机构）携手开展了一项促进老年人"在工作中获得人生意义"的社会实验。

该项目以市内小区为实验范围，推动老年人退休后在居住地二次就业，旨在让老年人通过"终身工作"充实"第二人生"。项目结束后，为了把实验成果延续下去，2016 年柏市终身工作协进会成立。协进会为有工作意愿的老年人定期举办讲座并开设了咨询窗口。工作人员挨家走访企业，寻找接纳 55 岁以上员工的岗位。

➥ 对自身和社会都有益

帮镰田找到工作的也是协进会。

"这里的人基本都不愁生活。工作收获的不仅是收入，还有人生价值和健康，还能避免社会孤立。老年人就业对自身和社会都有益处。"柏市福祉政策科的石毛雅之科长（当时）宣传道。他曾经从厚生劳动省被调到柏市，在离当地居民最近的基层推进老年人就业工作。

关于老年人就业的优势，东京大学、UR和柏市联合开展的社会实验的报告中这样写道：

"外出工作是人们开展时间最长、最熟悉的生活方式，为人们提供了明确的外出目的。"

"工作场所可以为就业者提供明确的存在价值（栖身之所）。"退休后的男人被唤作"大件垃圾"，这个称呼已经有一定年头了。因退休离开长年工作的公司后，许多男性一下子失去了栖身之所、存在价值、交流对象甚至人生目的。对此，最有效的疗法或许就是"工作"。

对于一直工作到退休的上班族来说，或许还是在工作中才能感到安宁。但同时我脑海中也浮现出了"工作狂"这个词。

➥ 为经济高速增长做出贡献的企业战士的现状

好不容易从劳动中解放出来，为什么还要继续工作？为了探明究竟，我又采访了一位仍在工作的老年男士。

星野孝治（69岁）住在柏市，在当地一家小型建筑公司工作。他也是通过终身工作协进会找到的这份工作。

上班族时期，星野就职于一家家喻户晓的外资大型石油经销企业。由于领到了充裕的企业年金，他在生活上并没有困难。

那为什么还要工作？

"一直待在家里，总觉得闲得慌。"

他说年轻时每天下班太晚赶不上末班车，都是打车回家。看来他也是昭和时代为日本经济发展做出贡献的一名"企业战士"。50多岁提前退休后，他与公司签订业务委托合同，继续在关联公司等地工作，2019年才终于获得了"自由身"。可他说在家待着一点也不开心。

在现在工作的地方，他是包括社长在内的所有员工中年纪最大的，做公司内外保洁、接电话、整理资料等杂务。每周工作两天左右，900日元的时薪已接近当地规定的工资下限。

"上班的那些年，每天只想着怎么把同事竞争下去，对工作感到很自豪。那样一个人现在却在除杂草，要是过去的同事们知道了，不知道会怎么想。不过我觉得这份工作一点也不丢脸。如果窝在家里，就没有机会和别人接触了。"

不被过去的职业经历束缚；别人不开口，就不主动提建议；感恩收入，不管多少——星野说这是老年后还能继续工作的诀窍。

"如果在乎工资多少，退休后就做不了工作。比起工资，能够体验过去没有过的经历才是退休后工作的可贵之处。"

话虽如此，大企业的工作经验在现在的工作中似乎也派上了用场。星野在的是一家本地的小施工公司，没有统一的工作流程图。公司在星野的提议下制作了流程图，提高了工作效率。此外，他还擅长使用计算机，掌握 Excel 的基本操作，所以对公司来说，这个人"雇得很值"。

➨ 老公最好健康又不在家

还有一点和个人的人生价值以及栖身之所同样重要，或者说更为重要，那就是退休后的夫妻关系。

星野这样说："看到我整天在家，老婆也受不了。以前流行过一个说法：老公最好健康又不在家。一直不怎么在家的老公突然一直待在家里，老婆受不了也可以理解。"

柏市终身工作协进会的业务统筹员白石博（67岁）坦言，拥有同样烦恼的老年夫妻不在少数。"我们给老年男士介绍工作后，经常收到他们夫人的感谢，感谢我们为丈夫介绍了一份好工作。听她们说，夫妻关系改善了很多。"

丈夫白天在家无所事事，也不帮忙做家务，会引起很多妻子的不满。他们还总喜欢黏着妻子一起出门，被打趣为甩不掉的"湿落叶"。这还算好的。近年，结婚20年以上的夫妻离婚，即所谓的"熟年离婚"现象也越来越普遍。

丈夫不在家才是"正常状态"，这种夫妻关系本身就带着浓浓的昭和色彩。虽然男主外、女主内的时代已经逐渐成为过去，但几十年老夫老妻之间的"距离感"恐怕是旁人捉摸不透的。

跑完长达几十年的工作马拉松，终于迎来了名为退休的终点。但是不用着急马上放松紧绷的弦，按照自己的节奏切换到慢跑状态是更好的选择。夫妻的距离感也应在不断摸索中一点点调节。在百岁人生时代，这种生活方式和工作方式无疑会让我们的后半生更加丰富多彩。

➤ 以千万人单位减少的劳动力

我听当事人讲述了退休后通过继续工作充实第二人生的

原因。那么，这种无退休工作方式对日本社会究竟有着怎样的意义？我决定咨询这方面的专家。

我拜访了劳动经济学家、庆应义塾大学前塾长清家笃。他一直主张老年人的继续就业能够拯救日本，还是安倍首相（当时）出任主席的全世代型社会保障研究会的成员之一。

劳动经济学家、庆应义塾大学前塾长清家笃

我开门见山抛出了问题：为什么人到老年还必须继续工作？

"日本的老龄化进程在规模、速度和深度等所有指标上都达到了史无前例的程度。65岁以上老年人口比例到2040年将超过总人口的三分之一，2060年将接近五分之二。不仅如此，'老年人的老龄化'进程也在加剧。到2060年，

65~74岁与75岁以上人口的比例将达到1∶2，呈现出头重脚轻的结构。"

本以为自己已经了解老龄化的发展趋势，但具体数字摆在眼前时，还是令我感到震惊。老年人将继续老去，75岁以上老年人将成为多数，这肯定是人类史上从未经历过的事态。

再者，随着老年人口比重过大导致人口结构"头重脚轻"，其他人群的问题也将席卷日本。社会的支柱——劳动力人口在持续减少。2018年，劳动力人口约为6700万人，而这一数字到2040年将跌破5500万人，也就是说日本将失去1000多万就业人口。

头越来越沉，支撑它的身体却日渐消瘦。国家一旦形成这样扭曲的体型，会出现什么问题？

最先担心的是就业人口减少引发的劳动力短缺。疫情暴发前，媒体就报道过因求人倍率居高、劳动力严重短缺而导致的停业和倒闭现象。疫情暴发后，经济低迷，求人倍率一度下降，但今后半个世纪，随着数以千万的劳动力减少，大多数行业将势必遭遇严重的人力短缺危机。

➥ 日本剩下的"人力资源"

在劳动生产率不变的情况下，如果劳动力数量减少，那么国家整体生产的附加价值总量，即国内生产总值（GDP）就会减少。如果人均薪资没有提升，那么总收入自然会下降，整体消费就会低迷。换句话说，日本经济体量将逐渐缩小。

还有一个值得担忧的问题：社会保障的可持续性将亮起黄灯。缴纳保险费和税的人口减少后，养老金和医疗保险的收支平衡将遭到严重破坏。

避免这一事态的最直截了当的方法就是增加"劳动力"。可是日本还剩下哪些"人力资源"呢？

提到确保劳动力，最先想到的是接纳外国移民。然而，日本人口减少速度之快，仅靠移民是无法填补的。高峰时劳动力人口每年将减少约100万人，20年就将减少1000万余人。这些空缺全部用外国人填补恐怕是不现实的。从人口比来看，就算美国等移民国家也不可能接纳这么多移民。

于是现在，国家开始关注尚未充分运用的"人力资源"，其中首先是全职主妇和从事临时劳动等没有被正式雇佣的女性。安倍政府提出"女性活跃"口号的原因也在于此。

同样备受期待的就是老年人了。他们虽然体力不及年轻人，但拥有几十年人生积累下来的技能和经验，而且在今后几十年里还会继续累积。据清家估算，只要提高女性和老年人的劳动市场参与率，到2040年，劳动力人口就能维持在6200万人左右。

这里的关键词是"劳动年龄人口"。该术语指15~64岁人口，表示参与生产活动，成为社会支柱的年龄层的人口。与这个词对应的是"从属人口"或者说"被抚养人口"，指除劳动年龄人口以外的少儿人口（0~14岁）和老年人口（65岁以上）。

日本劳动年龄人口已于1995年越过峰值，呈持续下降趋势。伴随老龄化进程，劳动年龄人口今后将继续以超过总人口降幅的水平减少。预计2030年降至6773万人，2060年降至4418万人，相当于峰值时人口缩水近一半。

清家对"劳动年龄人口"这一概念本身表示质疑。

"要想促进老年人就业，我认为首先不应该把15~64岁人口定义为'劳动年龄人口'。65岁时，男性平均剩余寿命还有20年，女性还有24年左右。如果到这个年龄就早早退休，劳动年数与退休年数的比就变成2∶1。日本今后必须完善社会体制，为有工作意愿和能力的人提供能够发挥余热的岗位。"

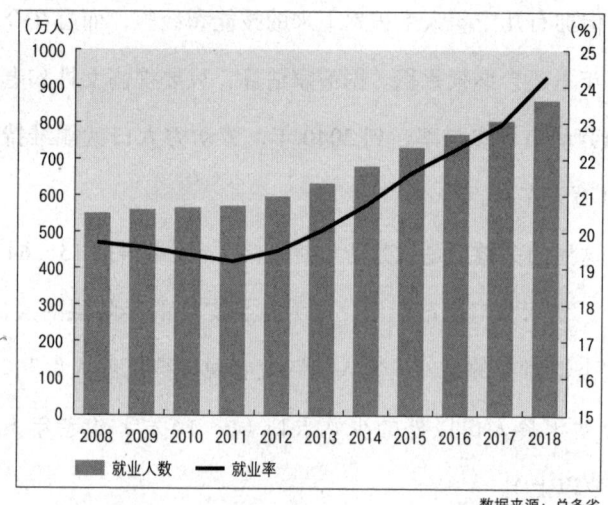

65岁以上人口的就业人数及就业率

➡ 65岁以上的多种选择

不管年龄多大,只要老年人有工作精力、体力和技能,就应该尽量让他们参加工作。原来如此,这正是"无退休"的思维方式。清家还提出了老年人持续工作的必要条件——"健康寿命"和"雇佣制度改革"。

健康寿命指日常生活不受健康问题限制,可以健康生活的寿命。如果身心处于不健康的状态,自然无法工作。目前男性的平均健康寿命是 72 岁，女性是 75 岁，清家认为这一数字需要进一步延长。

"健康寿命与实际寿命的差距目前约为 10 年。国家需要加大生活习惯病预防等方面的投资，进一步缩小这一差距。由于寿命可能也会随之延长，投入的医疗费用未必减少，但从社会整体来看，生产与消费能力提升，会增加社会保险收入和税收。"

同时，国家还需要灵活调整雇佣制度，为老年人创造适宜的工作环境。虽然《新版老年人就业稳定法》要求企业为希望工作到 65 岁的员工采取延迟退休或返聘等措施，但清家认为应将退休年龄的法定下限至少提高到 65 岁。在美国等国家，以年龄为由要求员工退休被视为一种歧视。

"对 65 岁以上的老年人，国家应当尊重他们各自不同的选择。比如 65 岁以前正常上班，之后由个人选择自己的工作方式。也许越来越多的人会减少工作时间，增加休闲时间的比重，比如每周工作三到四天，并缩短每天的劳动时间。我认为今后这样的工作方式会更普遍。"

进一步推进"工作方式改革"，推广不局限于全日制劳动的工作方式，不仅对老年人有帮助，也适用于处于育儿、照顾老人等其他人生阶段的人群。

➥ 令和时代的"国家总动员体制"？

读到这里，或许很多人心里都冒出了问号。

日本是一个人口呈负增长趋势的国家，称老年人为宝贵"资源"可以理解。但当我们站在每一个老人的立场上，又会产生不一样的想法。

难道我们就只是纯粹的劳动力吗？只能继续工作下去，永远盼不到安享晚年的时候吗？这和战争时期的"国家总动员体制"有什么区别？

实际上绝非如此。这项雇佣政策的不同之处就在于，为"希望退休后继续工作的人"提供更多的就业选择。也就是说只为想工作的人提供工作。

虽说也有"为谋生不得不工作"的情况，但日本老年人的自主工作意愿普遍很高。千叶县柏市的老年人就业促进项目对当地老年人进行的询问调查中，表示"想要一份工作"的老人占大多数。

"工作的目的不仅是获得酬劳，还能得到对社会做出贡献的充实感。从这个意义上讲，我认为'工作生活平衡'这种说法也有待推敲。工作和生活不是两个对立的概念，工作应是人生中重要的一部分。工作中可以切实感受到自身的成长,年轻人和老年人都是如此。生活规律了,身体也会更健康。"

清家的这番话让我想到前文中介绍的柏市的"老年工作者"们:确诊癌症晚期后依旧积极工作的镰田;退休后生活不愁却"感恩有工作可做"的星野。对他们来说,工作真的成了人生的一部分。

"推动老年人就业不仅能够促进整个社会的可持续发展,缓解企业用工短缺问题,还能提升每一名老年人的人生意义、充实感和健康水平,是一项'你好我好大家好'的事业。"清家力荐道。

"通过鼓励老年人就业来增加劳动力供给是一项积极的社会保障政策。有工作意愿的老年人为社会贡献一份力量,可以减轻孩子们未来的负担。当然,是否建立这样的社会,最终选择权还是在国民手上。"

➡ 疫情下的两座高墙

把视线再次转回基层。2020 年春,在千叶县柏市从事老年群体就业支持活动的终身工作协进会迎来了巨大挑战——

新冠疫情。老年人感染新冠肺炎的重症风险更高，这给老年人就业环境带来了哪些影响？

为老年人提供就业咨询服务在疫情下面临两大难题。一是不方便把人聚集到一起，也就是"面对面的难题"。

服务对象是对新冠病毒抵抗力弱的老年人，举行就业讲座和面对面咨询活动不得不更加慎重。柏市终身工作协进会一直以来定期面向老年人举办就业讲座，而这些在疫情暴发后全部暂停。伴随疫情规模扩大，政府发布紧急事态宣言，呼吁民众非必要不外出。那段时间里，就业申请也几乎为零。允许外出后，来窗口做咨询的人也只有以往的四分之一左右。

其间，协进会看到企业纷纷推行远程办公和线上会议，也策划了一场线上讲座，然而这时又遇到了第二个难题——"网络的难题"。

老年人与年轻人之间依然存在明显的数字鸿沟（会运用信息通信技术者与不会使用者之间存在的差距）。平日接触互联网、计算机和智能手机的老年人很少，让他们参与线上讲座的难度非比寻常。

实际上，举办活动的工作人员也不太熟悉IT技术。业务统筹员白石博说，他是下狠心才自学掌握了网络会议软件Zoom的操作方法。

掌握操作后，工作人员开始征集有条件参加线上讲座的老人，而分别给每个人讲解 Zoom 的使用方法成了他们必须做的第一件事。明明是举办线上讲座，却搞得好像免费计算机课堂。

和几乎所有报名参加讲座的老人进行了周密的彩排后，7 月终于举行了第一场线上讲座。协进会也向招聘方发出邀请，最终，大型乌冬面馆连锁店为参与者播放了老年店员的工作视频。

➤ 居家办公对老年人门槛高

该讲座受到同类组织的好评，神奈川县和茨城县的协进会也纷纷来请教举办老年人线上讲座的经验。

白石说："考虑到线下讲座有疫情传播风险，我们咬牙迈出了线上讲座的一步。参加讲座的人还有 86 岁老人。这次经历告诉我们老年人同样有能力学会新技术。"

然而，虽然费尽周折终于把讲座搬到线上，但最终顺利找到工作的老年人并不多。截至 2019 年 8 月共有 30 人，而 2020 年只有 7 人。

疫情暴露出老年人就业的现状以及存在的各种问题。出于疫情考虑，很多老人希望在家办公，而面向老年人招聘的办公室岗位少之又少。即便以过去有相关经验为由申请会计等办公室岗位，实际招聘的大多是护理、生产、加工、烹饪、保洁、保安等现场工作，基本没有支持远程办公的岗位。

就算对现场工作感兴趣，申请参观工作环境，看护机构等单位也会以防疫为由限制参观，工作不容易定下来。老年人从事的工作多为面对面服务业，在与疫情共存时代，无论采取什么防控措施，他们面临的风险都会高于其他人群。在工作不为生活费，而以人生意义和社会贡献为目的的老人当中，为远离传染风险而放弃工作的人将不可避免地增加。

➥ 疫情下必要行业用人需求热度不减

与此相对，老年人招聘需求却依然旺盛。该协进会截至8月收到的招聘需求增至131件，与去年同期基本持平。

正如第1章中介绍的保安员那样，招聘老年人的护理、保洁、烹饪等行业是维持人们生活所必需的劳动，属于必要行业。疫情让我们认清，老年人口担负的其实是日本社会必不可缺的工作。

"既然社会对老年人的需求这么大,我们就想尽量让那些待在家里的老人们走出来。我做这份工作也不是为了钱,而是想为社会做一些贡献。"

白石在一家航运公司工作了 41 年,三年前刚退休,属于"第二职业组"。一次在参加终身工作协进会的讲座后,他决定加入协进会,现在每周工作三天,月工资 10 万日元左右,待遇和过去上班时根本比不了。但他觉得很感激:"不仅有事可做,还能拿钱。百岁人生时代,鼓励老年人参与社会活动,充实他们的人生意义,我认为是很有必要的。我无法想象自己退休后整天在家无所事事的样子。"

虽然在新冠疫情这一始料未及的事态影响下,老年人就业推进事业暂时停滞,但老年人为追求人生意义而工作的观念已经开始一点点深入社会。

➥ 大获成功的"叶子生意"

老年人获得继续工作的机会,还能赚到钱;活得更有意义,身体也更健康。在步入超高龄社会阶段的日本,如果这一尝试能够顺利推广，无疑可以解决很多问题。

然而，现代社会数字化发展飞速，工作内容日新月异，需要的技术水平越来越高，过去没有的新职业层出不穷。面对一波接一波的技术革新浪潮，连年轻人都要拼尽全力才会不落伍，老年人又该怎样跟上潮流呢？比如，柏市的老年人就业推广项目在疫情期间做线上活动时就遇到了难题。

与此同时，四国地区的大山里有一个地方，让 80 多岁的老人也参与到高度信息化的市场经济，并从中持续获得收益。那就是以"叶子生意"致富而闻名的德岛县上胜町。2019 年 9 月，我采访了这个与东京近郊"睡城"完全不同的山村。

从德岛阿波舞机场驱车大约一小时，我们来到了这个群山环抱的村子。在一户农家的房间里，西荫幸代（82 岁）正盯着电脑屏幕。时间过了上午 7 点 59 分后，她的眼神中多了一份认真。

"目标是大野芋。"

说着，放在轨迹球鼠标上的手指下意识地用上了力道。屏幕上一排排显示的是全国各地发来的订单，"绿枫叶""竹叶"等，都是日本料理中的"妻物"[①]。

上午 8 点，界面刷新，"抢单"开始了。西荫把光标移

[①] 日本料理中装饰用的树叶、花草。

动到目标"大野芋叶（小）30片"的按钮上，一个劲地点击。但可惜画面上显示出"很遗憾！"的字样。看来这一单被村里其他人抢先拿下了。西荫露出不甘的神情。

她打起精神继续操作电脑。刷新订单列表后，她发现一个新发布的"大野芋叶"订单。这次她没有失手。看到画面上显示的"恭喜接单！"，西荫欢喜地笑了。

西荫随即出门摘叶子。"拿到订单就去采摘，下雨下雪都拦不住我！"外面下着小雨，她穿好雨衣和长靴，匆匆赶往离家徒步几分钟的田地，分开茂盛的大野芋，用挂在脖子上的尺子测量叶片长度，麻利地摘了30片16～18厘米的

在电脑上抢到订单、笑容满面的西荫幸代

叶子。

这叶子一片卖 100 日元，一盒 30 片，能赚 3000 日元。确认叶片上没有污渍后，西荫小心翼翼地把叶片装进盒子，下午 3 点要把它送到农业合作社去。

➥ 教老年人学会用互联网

这项年销售额 2.6 亿日元的生意由农业合作社的 158 户"彩分部会员"支撑，其中销售额突破 1000 万日元的也有 4～5 家。这些会员平均年龄 70 岁，主力军是女性。

曾因过疏化和老龄化失去活力的村子，从 1986 年开始凭借"叶子生意"重焕光彩——这个案例被媒体争相报道，甚至被搬上了银幕。

横石知二（61 岁）是带动"叶子生意"与时俱进的中心人物。30 年前，身为农业合作社员工的他来到村子。为研究妻物的实际应用现状，他自掏腰包吃遍高档日本料理餐厅，在周围人冷漠的目光中，从零开始建立起这项事业。现在，他是村里第三部门组织株式会社"彩"（Irodori）的社长，奔波于全国各地做商品策划和宣传。他每天亲自更新公司网站，在"今日横石"栏目下详细汇报每天去了哪里，和谁见面，做了哪些工作。活动量之大堪称超人。

和记者同一天来到村里视察的外县农业合作社员工感叹："这里的机制太厉害，把婆婆们的热情都调动起来了。"而成功的关键就在适合老年人使用的电脑和信息系统。

"叶子生意"的带头人横石知二

如果不会操作电脑，生产妻物的村民就没法参加抢单。横石发放给每户人家的平板电脑里有聊天软件，通过软件实时发布全国各地发来的订单需求，比如"南天竹叶3包、带壳斗的板栗5个——8点43分发布"。网站上可以查询"大野芋叶""绿枫叶"等不同类别商品的订单完成率、发货目的地、出货金额以及出货量等数据，还可以了解实时的"热销商品"，帮助农户预测"摘什么能赚钱"。

横石运用这些数据调动老人们"赚钱"的积极性，但其中也少不了公司提供的细致入微的支持。比如老年人不擅长用鼠标，公司就请他们使用轨迹球等，公司为此下了很多功夫。

商品以"彩"的品牌从上胜町发出,被空运到首都圈。当天上午下单的商品,晚上 11 点左右就已经摆在店头。这个堪称"妻物界亚马逊"的体系席卷市场,使上胜町的妻物在日本国内占有率达到七成。

老人们每天操作笔记本和平板电脑获取信息,快速应对市场需求。横石说:"习惯培养很重要。每年如果只去市场考察一次,是看不出变化的。"

还有一点值得佩服的是"人事相宜"的实践。

西荫的销售额并不算多,但她天生沟通能力强,和第一次见面的人也聊得来。现在她担任对外宣传员,负责接待世界各地前来视察和采访的人,起到非常重要的作用。

"销售额 1000 万日元的人家太忙碌,往往不愿接受采访。"横石解释道。他邀请西荫担任宣传员时对她说:"这个工作只有你干得来。"看来确实如此。

➥ 灵活运用护理服务

我在上胜町还造访了一户人家——田村利一(88 岁)

和他的妻子友江（80岁）。

到访时，二人正忙着给每盒450日元的松叶装箱。据说那天要发出30盒。他们在"彩"工作，年收入将近400万日元。"电脑是我拼了老命学会的。谁叫不会就挣不着钱呢。"田村开朗地笑道。

妻子友江在2006年脑梗发作后半身不遂，在田村的悉心照料下留在家中生活并继续工作。

2019年9月，他们开始利用日间照料和短期托养等护理服务。友江"不太想去"，但田村坦言："在家最吃力的是给老伴洗澡，而日间照料提供洗澡服务；送她到短期托养那里

忙着给松叶装箱的田村利一、友江夫妻

住一晚的时候,我一个人在家也能睡个安稳觉,帮了大忙。"

妥善利用外部服务,既能避免家人因照顾病人过于劳累,又能让病人在熟悉的家庭环境里继续从事有意义的工作。夫妻俩利用护理服务恰到好处,堪称"模范"。

"假如没有这份工作,我说不定早就死了。"

田村的这句话深深印在我的心里。

人总有一天会老去,丧失工作能力,直到无法自理日常起居。在那之前,我们要怎样借助护理服务,继续最大限度地发挥各自的能力?我们或许可以从上胜町的事例中看到日本社会未来形态的缩影。

新冠疫情给上胜町的事业也带来了巨大冲击。妻物用于高档日本料理餐厅和宾馆为顾客提供的饮食。2020 年 4~5 月紧急事态宣言期间,受餐饮店暂停营业和游客数量减少影响,妻物的销售额减少了 80% 之多。

此后,在旅游优惠活动"Go To Travel"的带动下,10~11 月的销售额基本恢复到往年水平,但随后"第三波"疫情又开始了。

"12 月本来是一年中生意最火的时候,但今年因为忘年会都被取消,需求一下子都没了。"

11 月下旬电话联系横石时,他的声音里也流露出些许沮丧。即便如此，横石仍在锲而不舍地关注市场动态。"家庭年夜饭需求应该会更多。"他把目光投向居家需求，试图从这方面提高销量。

  身处逆境也不言放弃，努力向前。这种积极向上的精神无疑是老年人保持工作热情的秘诀之一。

第 6 章

无退休社会生存指南

——关于延迟退休、再就业和养老金。
给不久的将来的建议

➥ 老年人适合在什么样的职场工作

在前几章中，我们通过多个不同的案例，探寻了无退休社会的生活方式。一些人选择离开工作多年的公司，自己创业或以自由职业者的身份工作。然而，在提供稳定就业这点上，企业发挥的作用依然很大。政府也持这一观点，逐渐加强对企业尽可能延长聘用年龄的要求。修正后的《新版老年人就业稳定法》将为有意愿的员工提供能够工作到70岁的就业机会规定为企业的努力义务，也体现了这一点。

在劳动力人口减少的趋势下，企业方面也需要采取各种措施，以更好地运用老年人的力量。本书最后一章将加入老年人雇佣方的视角，思考老年人适合在什么样的职场工作。

对比修订前的《老年人就业稳定法》，新版在认可60岁退休制的同时，要求企业必须为有意愿的员工提供工作到65岁的机会，并给出三个可以采取的措施：①取消退休制；②上调退休年龄；③返聘。

很多中小企业原本就没有退休制。不少大企业则会请员工在 60 岁时先按规定退休，再以签订固定期限劳动合同的形式返聘员工到 65 岁。

厚生劳动省以全国员工数 31 人以上的约 16 万家企业为对象，调查了截至 2019 年 6 月 1 日的措施执行情况。结果显示三种措施中，采用返聘方式的约占 78%。虽然这项调查没有问及具体的返聘条件和待遇，但多数企业应该是先签订一年期雇佣合同，之后每年续签，直到 65 岁。

此外，上调退休年龄的企业约占 19%，取消退休制的企业约占 3%。

从企业的角度来讲，如果继续保持年龄与待遇成正比的"年功型"薪资体制，延迟退休会带来劳动力成本整体上涨的风险。返聘占比过半，也被视为大多数企业希望重置就业条件，降低薪资水平的一种方式。

一位家住爱知县的 60 多岁男士也遇到了这样的情况。

➡ **退休后下调工资"合理"吗？**

"工作内容和以前一样，自己的能力也没有退化，工资却被砍了一大截……"

这位男士回顾了自己和2020年夏天离职的外包及劳务派遣公司之间的纠纷。几年前，他满60岁退休后被公司返聘，却因为待遇问题和公司产生争执。

在那家派遣公司工作期间，他经常被外派到需要专业技术人员的厂商长期工作。

退休前后，他正在一家大型零配件生产厂协助新产品研发。厂家认可他的专业技能和机械操作水平，让他退休后继续在该厂工作。

这位男士退休后被劳务派遣公司返聘，身份却从正式员工变成"限定员工"，月薪制变为时薪制，奖金也被取消了。这样一来，年收入会下降20%左右。

他向派遣公司提出质疑："在对方企业做的工作和以前一样，凭什么减工资。"但公司每次都以退休人员返聘为由，声称下调薪资是"合理操作"。对峙陷入僵局，他向法院申请劳动仲裁，但双方仍旧各执己见，于是提起诉讼。

这位男士的情况有些复杂。

之所以这样说，是因为他的经历比较特殊。他原本就职于另一家"日本式雇佣体制"的大厂，35岁后，为了继续做专业技术岗而跳槽到这家派遣公司。

在"日本式雇佣体制"下，年轻时工资与工作量相比略低，但随着年龄增长和职位或级别提升，工资也会上涨。到了中老年阶段，工作量减少，工资反而很高，足以弥补年轻时的付出。这种结构是该体制的基础。不过，晋升到管理岗后，工作时间往往变得不规律。该男士出于家庭原因，必须留出足够的时间陪家人。

而劳务派遣公司的工作主要是业务承包和外派，员工的工作职责清晰明确，能够把工作和私生活彻底分开，这是最吸引他的一点。合同无固定期限，在没有外派的时候也能领到派遣公司开出的工资，而且不用担心合同到期不再续约。这份工作的每一类技能有各自的水平分级，工资并不会随年龄增长。不过，作为专家外驻企业，圆满完成工作后，能够得到对方的肯定，他都能感受到自己的存在价值。

他认为，虽然年过六十，但企业派给自己的工作和过去一样，这正是自己的技术没有退化的最好证明。

而派遣公司却以退休后返聘为由，调低了他的工资。这些年他所奋斗的技术岗位工资与年龄无关，退休后公司却搬出重视年龄的"日本式雇佣"思维和他讲道理，让他无法接受。

"干不下去了。"没有等到起诉结果，他就在外派期结束后离开了工作20多年的派遣公司。

➡ 酬劳和职责——向员工说明了吗？

这家派遣公司主张下调薪资是"合理操作"。但在工作内容与职责完全不变的情况下下调工资，有可能违反"同工同酬"原则。该规定的相关法律于 2020 年 4 月起施行，旨在消除正式员工与非正式员工之间"不合理的待遇差距"。只要被劳动局认定为"不合理"，企业就有可能受到行政指导等处罚。

但这同时也意味着，如果退休后工作内容或职责发生变化，有合理的理由下调工资，就不会被即刻认定为违规。

针对这些情况，对员工本人及其周围的人"如果不做出明确说明，很容易引发纠纷"。精通人力资源实务的千叶经济大学副教授藤波美帆指出了问题所在。

据藤波副教授介绍，不少企业为避免违反用工规定，会完善返聘制度，重新评估返聘人员的工作内容和责任范围，但是对

精通人力资源实务的千叶经济大学
副教授藤波美帆

员工本人只在退休前说明会等场合做大致说明。确实，只接受一次说明可能不明白其中的意思。

注重员工职业规划的公司会从员工40多岁时开始，与员工多次探讨五六十岁阶段的职业规划并讲解薪酬制度。"只要提前说明，员工如果不接受也有时间换工作，不容易出现薪资下调引发的纠纷。"（藤波）

同时返聘制度还要获得周围人的理解。例如返聘人员因为公司要求不得加班，即便手上的工作没有完成也会按时下班。但同事们如果不了解这一规定，会怎么想？

"周围的员工不了解规定，会认为返聘员工在偷懒。由于对方是前辈，又不好直接提醒。老年员工们是在这样的环境中过来的，很多人觉得'不说别人也明白'，而现在很多年轻人是'你不说我就不明白'。这样的差异也是有的。"

随着中老年员工增多，这类代际的认知差异和缺乏沟通很容易成为滋生压力的温床。

在一家大型制造商管理销售部门的40多岁男性科长，为如何鼓舞年长"下属"的士气而犯愁。

如果面对年轻员工，可以鼓励他们努力就能升职，完成目标就能加薪。但如果对方是在同辈人的晋升竞争中被淘汰下来的中老年员工，不得不再三斟酌。就算尝试鼓舞对方，对方也会说"不用管我了,把机会留给年轻人吧"。

雇佣老年人还经常有这种情况:人事部领导让下属给曾经地位很高的人安排一个好位置,下属犯愁"哪有什么好位置"。

如何缓解人力资源实务中的这些压力?藤波副教授强调,"关键要看公司高层有没有中老年人也是'战斗力'的观念"。

就算科长或人事部的小职员对中老年员工表示鼓励,但如果公司整体没有达成共识,中老年员工还是可能提不起干劲。相比之下,只要高层传达出对中老年员工的信任和期许,不仅对员工本人,对鼓舞员工的领导来说也是强大的后盾。

在老年人雇佣顺利开展的企业,社长和人事主管会多次进行宣传,而且宣传的对象不仅是人事负责人,还包括所有其他员工。

另外,就算下调薪资有合理合法的理由,如果打击到员工本人的积极性,业绩也会受影响。

藤波副教授指出:"另一个关键是完善返聘后薪资调整的考核制度。老年人雇佣的模范企业大多拥有这类制度。也有调查结果显示,这类制度有助于再次提升老年员工的士气。"

与其消极应付国家的要求，不如积极面对；既然继续聘用，就希望员工为公司贡献应有的力量。合格的人事负责人肯定会这样想。

"不是用不了，而是没掌握用人的方法。中老年人没能做出成绩是因为管理方没有用人的意愿和能力。"Change-WAVE"董事大隅圣子（54岁）这样认为。她曾在RECRUIT、罗森和永谷园担任销售及新业务开发的管理者。

大隅带领的部门经常从人事部门接管返聘后没有得到充分运用的人才，但他们基本上都不是不工作的"妖精大叔"。大隅说："只是没有人给他们分配工作而已。"

让老年员工活跃起来的诀窍是"划分和交办"，即明确划分工作，将其全部交办给一个人。比如"这个客户你来负责""这份商品策划以及后期由你跟进"。他们不像新人或主力员工有不按套路出牌的风险，管理起来很轻松。

相对地，比如向五人团队加入一名返聘员工则不妥当。团队管理者要费心关照前辈，这会给团队造成负担。虽然返聘员工会说"大家不用在意辈分"，但这种话有些是出于真心，有些只是表面客套。

被返聘的中老年员工中，主动做事的人最受欢迎。一些长年身居部长级以上管理职位的人忘记了基层的工作方式，总想靠昔日的头衔混日子。这种人最容易变成"妖精大叔"。

对老年人来说，幸福的工作方式就是能发挥自己多年锻炼出来的技能的工作方式。但如果继续留在同一家公司，难免让昔日的下属和晚辈费心。"不如下决心换到其他公司开辟新天地更潇洒。"大隈提出了自己的见解。

话虽如此，中老年人换工作难度大也是事实。接下来的两家企业，为了让留在公司的老员工充满活力地工作，充分调动组织全部的力量，制定了积极的人事制度。

➥ 用长假代替退休 —— 大和房屋的延迟退休制度

2019 年 10 月，就职于房地产开发商大和房屋工业的一级建筑师高桥幸朗过了 60 岁生日，开始思考 2020 年 4 月之后的打算。

大和房屋于 2013 年将退休年龄从 60 岁上调到 65 岁。不过，满 60 岁的那一年结束后，职业道路将大不相同。

当时有四个路线可供选择：以分店店长等干部身份继续工作的"理事路线"、领导下属的"年长管理者路线"、指导晚辈的"顾问路线"以及继续奋战在一线的"终身奋斗路线"。在 2019 年满 60 岁的 116 名员工都要从中选一条路，在新的岗位上继续工作。

高桥的公司生活过得很充实。

1986 年他在 27 岁时进入这家公司。此前，他在一家小规模的设计事务所从事公寓设计等工作。

"以自己的实力在大公司能做到什么程度？想和同年代的竞争对手相互切磋。能视为奋斗目标的设计大神在哪里呢？"

就在思考这些的时候，高桥在报纸上看到了大和房屋的社会招聘启事。

进入大和房屋后的第一个十年，高桥在一般建筑部门工作。工厂、配送站、物流中心、辅导班……他设计了很多从未接触过的建筑。"每个项目都很新鲜，不重样。"

第二个十年他负责公寓的商品策划，和销售组成团队设计户型结构、配套设施等，还在样板间做过接待。"接触新领域的工作，感觉很新鲜。"让高桥印象最深的项目是神户市政府东侧的塔楼公寓。那也是阪神淡路大地震后神户建起的复兴的标志性建筑。

后来他进入的部门负责设计面向高薪人群的出租型公寓。这是公司大力开拓的新领域，高桥主动提出参与。

他说丝毫不觉得自己是一直待在同一家公司,"每个阶段都拼尽全力,工作很有乐趣,也切实感受到自己在不断提高"。

直到 2020 年 3 月底,他在统筹集合住宅的部门担任部长,负责全公司约 650 名设计师的教育和风险管理。

回顾这些年的个人生活,住房贷款已经还清,有了一些储蓄,三个孩子也都独立生活了。即便如此,高桥也从未打算 60 岁就赋闲在家。他认为:"工作不为赚钱,而为了维系与社会的联系。"

那么,要选择什么样的工作方式呢?

高桥决定走"顾问路线"。他说想退居二线:"把自己 40 年来积攒的知识分享给其他人。"

为了让满 60 岁的员工以全新的精神状态开始新工作,大和房屋有一项独特的制度:新年度的 4 月份给予他们一个月带薪休假,目的是"让员工放下过去工作中的位置和意识,重新开始"(宣传负责人)。假期可以出国旅行,也可以全部用在兴趣爱好上,怎么过自己说了算。回来上班正好是五一黄金周结束后。

对高桥来说,这是他进公司后的第一个长假。他准备和妻子一起去西班牙及法国旅行,参观圣家族大教堂和圣米歇尔山修道院。身为建筑师,他想亲眼看一看这些著名的建筑。可惜计划没能实现。

因为新冠疫情蔓延至全球。

➥ 为卸任后的人生做彩排

整个 4 月高桥不得不在家中度过,盼望已久的出国旅行泡汤了。但现在回想起来,他觉得这样也挺好。

"那段时间相当于为卸任后做了个彩排,让我有机会重新思考自己和家人的生活方式。3 月底之前其实心情一直没有切换过来,90% 的时间都在想工作上的事。"

高桥还回归到和妻子的生活中。他把自己当成"家务实习生",刷浴缸,做晚饭。他回忆起下班路上的酒馆的小菜,尝试重现店里的味道。妻子也说他做得好吃。

休假期间,高桥并未完全切断和公司的联系。因为在意公司有没有出问题,他会查看邮件,还曾经给公司打电话发表自己的意见。但公司并没有直接联系过他,让他紧绷的神经逐渐放松下来。

"我还需要再调整一下工作和生活的比例。过去工作占据日常生活的九成，现在六四开正合适。"

5月7日，高桥按原计划开始上班，只不过是以远程办公的形式。这是高桥第一次正式远程办公。他和同事们进行了线上会议，委托全国的设计负责人参与调查，检查了提交上来的资料。

6月17日，高桥时隔多日回到大阪总部上班。"好久没见同事了，觉得有点新鲜，也总算放心了。"

高桥尚未决定要不要工作到65岁。

"男性的平均寿命不到85岁。假设健康状态能维持到75岁，那么在65岁之前，自己想做的是什么？趁着还能自由行动的这几年，自己还想做什么？我要好好地想一想。"

高桥想学习新领域——考古学的知识，还想考下策展人资格证，去大学进修。

大和房屋在上调退休年龄的同时还更改了薪资制度。例如，过去的返聘制度规定每年奖金固定发放两个月工资，但如果工资不随业绩增长，会打击中老年员工的积极性。所以新制度为中老年员工增加了本来没有的职业津贴，奖金也改为和业绩及个人考评结果挂钩。

一般来说，即使退休延迟，大多数情况下就业条件都会发生变化，工资会降低。

虽然维持以往的工资标准是保持员工士气的最佳方法，但也有很多因素让管理者面对改革犹豫不前。比如，劳动力整体成本上升，优待中老年员工引起年轻员工不满，人事制度和工资曲线是经过长年的劳资协议制定的，无法轻易修改……

"正因如此，才要看高层的决心。"前文中的藤波肯定地说。

"雇佣中老年人是社会普遍的需求。用经营管理学的话讲，外部环境已经像市场一样无法控制，只能适应它。为了生存下去，企业必须采取措施。"

接下来介绍的是一个在高层的强烈意愿下将退休年龄和薪酬保障体系同时延到 65 岁的案例。

➡ 薪酬保障体系随退休年龄延长——太阳人寿的案例

2016 年夏天，时任太阳人寿保险社长的田中胜英（66 岁）给公司的项目团队提了一个难题。

"定一个制度，让员工进到咱们公司就一辈子不用愁。"

团队的任务是以延迟退休年龄至65岁为核心的2017年春季人事制度改革。时任人事科长一番濑智彦（46岁）以策划部成员身份参与了这一任务。

太阳人寿2019年4月至2020年3月的保费等收入为5936亿日元，规模在寿险行业属于中等。挨家挨户推销的商业模式是该公司的特色。近年来致力于强化老年痴呆预防险等主打中老年市场的保险品牌。公司也希望通过延迟退休年龄，增加老年员工的人数，以提升企业形象。

太阳人寿的员工大致分为销售人员（约8100人）和内勤人员（约2300人）。

销售人员主要分属于全国大约150个网点，负责走访顾客。薪资模式是底薪加提成，年龄与薪资不挂钩。关于销售人员的工作年限，2005年已将退休年龄调整到70岁，最多可工作到80岁。

内勤人员又分为根据需要调动到其他地区的综合员工（约1200人）和没有调动的一般员工（约1000人）等。公司安排综合员工在本部和各支部间轮岗，从中积累经验，这些员工是将来进入管理层的储备军。

而一番濑等人要做的就是内勤人员制度的改革。

内勤人员的退休年龄在1981年从57岁上调到60岁之后，已经三十多年没有调整。58岁是"卸任年龄"，卸下管理职位，工资也会降至过去的80%左右。2006年开始实行退休人员可以返聘到65岁的制度，但工资会进一步降到卸任前的30%~40%。

薪资大幅降低，工作积极性可能也会随之减弱，这种薪酬体系称"一辈子不用愁"未免牵强。

经过与企业工会的协商，2017年春季起将退休年龄延迟到65岁；取消"卸任年龄"，只要个人能力允许，老年员工可以继续担任管理职位；从入职到退休使用同一套薪资体系，取消以年龄为由下调工资的做法。

同时，为避免"只优待老年人"的不满，公司也关注到了年轻员工。新人起薪从20.5万日元逐渐提高，到2020年春提至25万日元；新增第三胎以后的育儿补贴，还充实了给独自外派人员的补贴。

参与制度改革的太阳人寿保险人事科科长一番濑智彦

65岁退休后，虽然工

资会降至过去的三到四成，但对有意愿继续工作的员工，公司可以返聘到 70 岁。企业年金保持终身型，在世期间可以一直领取。

这些改革施行后，工作到 70 岁的内勤人员的终身收入平均增长了 15% 以上。虽然劳动力成本会增长一大截。但一番濑强调：" 从中长期来看，成本完全在可控范围内。"

➥ 过去不可能实现的人事改革

太阳人寿也经历了泡沫经济期的招聘扩大和就业冰河期的招聘收缩。在综合职员的年龄结构中，50～59 岁比重最大。60～69 岁目前只有 70 人左右，而再过 5～10 年就会膨胀到二三百人规模，整体劳动力成本将暂时高涨。不过，那个时代的员工退休离开后，工资较低的年轻员工比重就会增加，劳动力成本将逐渐下降。

人事部门还担心的一点是 " 泡沫经济组 " 退休后，管理岗位出现人才缺口。创造从各年龄层的员工中广泛提拔管理人才的环境也是公司的当务之急。

内勤人员工资的基础 " 技能工资 " 从入职到 35 岁随年龄

增长逐渐提升。因为这段时期员工尚处于学习管理阶段。35岁以后，只要基于年度目标完成度考核的"绩效工资"或根据管理者职务高低发放的"职务津贴"不涨，工资就很难进一步提升。为激发员工积极性，制度改革提高了绩效在工资中的比重。

如今改革实施三年了，58岁以上的管理者也增加到了近40人，年轻人当中也出现了31岁晋升总部管理岗位的人才。

这些人事安排都是"过去想都不敢想的"（一番濑）。

受新冠疫情影响，社会上陆续出现通过招募提前退休人员减少冗员的企业。

从规模来看，太阳人寿确实比数万名员工的制造类大企业更容易实行改革。不过一番濑表示，以田中社长为首的管理层一直提倡"劳动力开支不是成本而是投资"。太阳人寿不畏短暂性成本增加，坚持实行改革，这离不开管理层的力量。

不过，疫情的影响也波及了寿险行业。

因取消上门推销等因素，各家公司的新增保单件数均出现下滑，太阳人寿2020年4月至6月的保费等收入也同比下降了20%。眼下支持线上投保的"智慧保险"等商品销量良好，但主力的上门推销业务该如何扭转局面？这正是检验人才"投资"成果的时候。

➡ 老年员工的工伤事故增加

前文中已提到,《新版老年人就业稳定法》规定,2021年4月起,为有意愿的员工提供能够工作到70岁的机会成为企业的努力义务。除了激发工作积极性的考核与薪酬制度改革,雇佣方还关注员工的健康管理问题。

随着年龄增长,体力下降不可避免。如果工作中不量力而行,则可能引发重大工伤事故。

据厚生劳动省统计,2019年工伤死伤人数(受伤的标准是停工4天以上)约为12.5万人。其中,"摔倒"和"坠落/滚落"事故很突出。伴随老年人就业日益普遍,工伤死伤人数中60岁以上占比逐年增加,2019年达到26.8%,较上一年增长0.7个百分点。

工伤事故不只发生在制造业工厂。老年人从业者越来越多的零售业、餐饮业等行业也逐渐成为工伤事故的多发行业。在服务行业的工伤事故中,60岁以上占比增至31.1%,高于全行业整体工伤事故中的比例。

有数据显示,老年人更容易发生工伤事故。65~69岁的工伤事故起数(每千人)为男性3.89起,女性3.94起。该年龄段男性工伤事故起数约为最低的25~29岁的两倍左右。该年龄段女性工伤事故起数约为最低的 30~34 岁的 4.8 倍。

针对该情况，政府也在呼吁关注老年员工的健康。2020 年 3 月，为保障老年员工安全与健康，厚生劳动省发布《适老环境指南》，要求企业为老年人提供安全的工作环境。

比如提供防滑鞋降低体能下降导致的滑倒风险，确保工作地点光照充足，安装楼梯扶手，启用第一时间捕捉中暑初期症状的可穿戴设备等。

另一方面，根据岗位情况不同，还有很多老年人不能继续从事原来的工作，不得不转到其他部门或公司。对此，"指南"还要求企业针对没有相关工作经验的老年人进行"更为细致的教育培训"。因为员工在不熟练的工作中很有可能遇到一些意料之外的危险。公司需要判断员工的体力能否胜任被交办的工作，让员工更好地理解工作中潜在的危险。老年员工的就业离不开公司的全面支持。

在日本的很多企业，老年员工已成为不可或缺的力量。这些企业为确保职场的生产力和安全，采取了哪些措施？我们造访了位于千叶县的一家 60 岁以上员工占 30% 的中小企业。

➥ 最大年龄 78 岁 —— Gloria 取消退休制

从东京都中心驱车大约一个半小时，我们来到了总部位于千叶县南房总市的 Gloria 服装厂。该厂创办于 1960 年，主要承接警察局等政府机关和公共机构的制服加工订单，年加工和销售服装约 17 万件。

在大约 100 名员工中，60 岁以上的员工占 30%，最大年龄为 78 岁。绝大部分员工在市内的工厂从事服装缝制工作，用专用缝纫机将布料做成衬衫等服装。

2016 年取消退休制以前，该公司原则上 60 岁退休，对希望继续工作的员工返聘到 65 岁。

取消退休制的契机是老厂房搬迁计划。公司计划将老旧的工厂搬迁到现在的厂址，这使得许多快到 65 岁返聘期限的退休员工纷纷打算借此机会提前辞职。

"那可不行。"董事长永井实（76 岁）着急了。如今，哪个行业都缺劳动力。发布招聘启事也没有多少人应聘。他深感必须让手艺熟练的老年员工更长久地留在厂里。

永井回忆道："我们废除了年龄限制，员工不管多大年纪都可以继续工作，后来很多员工留了下来。"虽然劳动力开支大了，但当时为避免出现劳动力缺口，也顾不上那么

手持补光灯的 Gloria 社长永井实

多了。

决定取消退休制后，公司着手营造适合老年员工长期工作的环境。

上了年纪的人，视力、握力、平衡能力等身体能力都会下降。服装缝纫有很多细致活，尤其需要视力辅助。小型补光灯过去原则上要申请才给提供，而现在缝纫机等所有缝制用设备上都安装了补光灯。其中，部分补光灯的根部形似软管，可以自由挪动，员工可以调整想要照亮的方向。

最年长的员工山口洋子（78岁）戴着老花镜工作，负责把袖子缝到衬衣上。起初她只在做细致活的时候开补光灯，但现在工作期间一直开着灯。"用过一次就离不开了。"

公司还定制了减轻老年人负担的专用机械。比如把名卡缝到衬衣上时，如果用普通缝纫机，缝完一个边后需要转动衬衣才能继续缝纫，而公司引进了名卡缝制专用缝纫机，按下按键就能连续完成四个边的缝制。

公司也开始挑选订单，不再承接使用黑色或深蓝色等深色线的产品订单，因为视力下降的老人看不清这些颜色。永井说："缝错了拆线费时费力，而且看不清线头、失误都会使员工萌生辞职的念头。"

除了想办法提高工作的便利性，公司为防范工伤也绞尽脑汁。

将进出车间的常用通道改造为坡道，避免员工被台阶绊倒；铺设在地面上的电线也可能把员工绊倒，所以电线统一走天花板，沿着柱子向下拉；为了方便员工搬运产品，车间内放置了很多带脚轮的平板车。

进出车间的常用通道由台阶改为坡道

休息时间也延长了。过去是午休 1 小时，下午休息 15 分钟。厂房搬迁后，公司又在上午时段增加了 15 分钟休息。这样一来，一天的规定劳动时间就变成 7 个半小时，比以前少了 15 分钟。但永井表示："并没有感到生产力降低。手工活是服装缝纫的基础。我们要在保证质量的前提下，尽可能减轻老年员工手工操作的负担。"

看来 Gloria 的改革还将继续下去。

➥ 年金（社会保障）从"完投型"转向"接续型"

提到"百岁人生时代"，比起实现长寿的喜悦，想必更多人会担忧"需要多少钱才足够"。2019 年金融厅金融审议会公布的报告中出现的"养老金缺口 2000 万日元"这一表述在网上引发热议，反映出人们对晚年生活的担忧。

只要少子高龄化进一步加剧，"年轻人贴补给老年人的生活费"，也就是养老金（年金）的标准自然会下降。但我们可以根据自身情况尽可能继续工作，推迟年金的领取开始时间，以增加年金的领取金额。

公共年金开始领取的标准年龄是 65 岁。如今 65 岁以上还在工作的情况越来越普遍，我们或许有必要重新思考年金的领取方式。

在"长期工作"的基础上，公共年金和私人年金共同承担晚年生活所需。这种理念被称为"WPP"——在体能允许范围内尽量工作更长时间（Work longer），用私人年金（Private pension）过渡，最后用公共年金（Public pension）兜底。

精通年金制度与实务的谷内阳一（第一人寿保险）在2018年的日本年金学会上提出了这个概念。

十几年前，职业棒球阪神老虎队著名的救援投手阵容——杰弗·威廉姆斯（Jeff Williams）、藤川球儿（F）和久保田智之（K）被称为"JFK"组合。人生后半程的救援则要靠"WPP"。"虽然拿棒球选手做比喻有一点昭和大叔味吧。"谷内笑道。

过去，在公共年金的基础上"叠加"个人年金和企业年金，并且可以终身领取（直至身亡）的"先发完投

第一人寿保险的谷内阳一提倡"接续型"年金。

型"被视为最理想的年金模式。然而，终身领取型企业年金没有得到普及，长期执行的低利率政策也抬高了个人年金的保费。

于是，我们可以换一种思考方式。索性把个人储蓄当作5~10年的"过渡"，自助的努力范围就变得清晰可见，"不知道攒多少钱合适"的担忧就会得到缓解。

"比起跑完一个42千米多的全程马拉松，像驿传接力赛那样跑几千米更轻松对吧。民营年金基本都是5~10年的限期给付，企业年金很多人选择一次性领取。接续型也符合这些实际的领取情况。"

人生最后的"守护神"是公共年金。

作为晚年收入的顶梁柱，公共年金的优势地位无可动摇。一旦开始领取就可以持续到身亡的"终身给付"承诺，由全体国民强制参保的公共年金承担效果显著。公共年金的可持续性有根据人口和经济变化控制金额的"宏观经济调控"等手段保障。但如果从65岁开始领取这一条件不变，和就业人口的所得相比，年金水平下降将不可避免。

那么，我们该怎么做？

利用"推迟领取"制度，尽量推迟年金的领取开始时间，以领取到更优厚的年金。

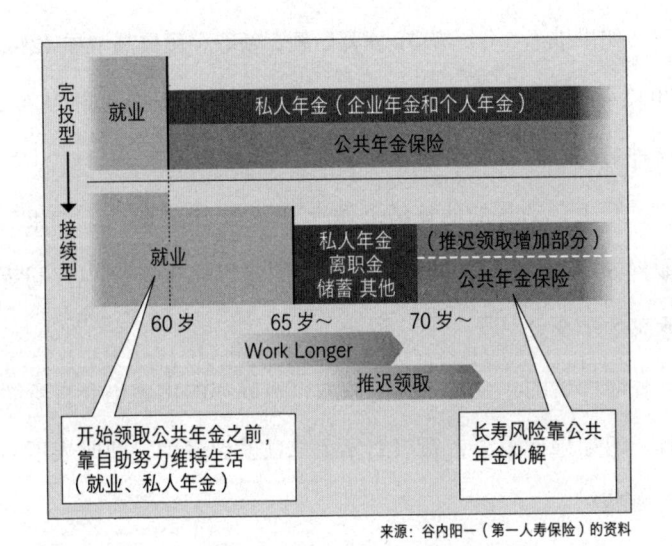

社会保障从"完投型"转向"接续型"

➡ 提前领还是推迟领？——75 岁开始领可多领 80%

实际上，领取公共年金的起始年龄在 60 岁到 70 岁之间，具体时间可由个人自主选择。如果提前领取，每提前一个月，领取金额减少 0.5%；如果推迟领取，每推迟一个月，领取金额增加 0.7%。

如果推迟5年，从70岁开始领，领取金额最高增加42%。2022年度起，国家将领取年金的起始年龄上限提高到75岁，这种情况下领取金额将增加84%。

厚生劳动省的估算结果显示："目前20岁的人，如果工作到66～68岁后开始领取年金，则可以确保领到现在同等水平的年金。"

增加后的年金可以终身领取，对晚年的焦虑也会有所缓解。但如果死得早，领取的年金总额就会变少，到时候不会后悔吗？

关于这点，谷内向我们介绍了年金咨询行业的一句"格言"：

"提前领在这个世界后悔，推迟领到那个世界后悔。"

提前开始领取金额较低的年金，当寿命超过预期时就会后悔；通过推迟领取增加领取金额，就算死得早，后悔也要等去到另一个世界之后了。只有"靠提前领取的少额年金度日却过于长寿的人"才会在现世尝到经济拮据的苦涩。或许有人认为"提倡推迟领取是政府节省年金支出的阴谋"。不过，政府制定的年金增减幅度确保不管几岁开始领取，只要活到平均寿命，领取总额都相同。就算提前领取的人增加，国家支出的年金总额也不会减少。

一些媒体经常炒作"年金谁亏谁赚"。但我们希望更多的人明白，如果把公共年金视为应对"长寿导致的资源耗竭风险"的保险，那么可以提高终身保障额度的"推迟领取"更让人安心。

如果计划推迟到 70 岁开始领取，可中间突然急需用钱怎么办？

假如 68 岁时生病急需用钱，可按照推迟到 68 岁的金额开始领取年金，也可按照从 65 岁开始领取，一次性补领 65～68 岁的年金。可见现行的年金领取制度还是很灵活的。

然而，现实中只有约 1% 的人选择推迟领取。

其中的一个主要原因是，目前能够领取厚生年金的人同时享有 60～64 岁期间领取的"特别支付老龄厚生年金[①]"。该年金不支持"推迟领取"，只能在未满 65 岁时开始领。而领完该年金后到 65 岁再办理暂停领取，对很多人来说难以养成习惯。

不过这种情况也将随着时代消失。对于不享有特别支付老龄厚生年金的人群——即 1961 年 4 月 2 日以后出生的男

[①] 1985 年，日本将厚生年金领取起始年龄从 60 岁推迟到 65 岁。为确保平稳过渡，向指定时间以前出生的人群支付"特别支付老龄厚生年金"，领取开始时间因出生年龄不同，结束时间为 65 岁。

性和 1966 年 4 月 2 日以后出生的女性——来说，65 岁开始领取年金将成为常态。谷内预测推迟领取年金是更加现实的选择，今后选择这条路的人将会大批增加。

不论怎样，我们已经进入了新时代：为填补少子化带来的劳动力缺口，有工作意愿和能力的老年人需要继续工作，否则社会将无法正常运转。现实中很多人年老后依然希望工作，这对日本社会来说无疑是福音。

可是老了以后还要工作，听起来好累啊……听记者吐露了这么一句，谷内笑了：

"有些人抱怨'国家想让我们干到什么时候！'我总会劝他们'就当回归野生状态吧！'野生动物如果不靠自己捕猎就会饿死，相当于'终身劳动'。人类也可以把继续工作的这段时间当成'回归野生状态'嘛。"

后　记

　　本采访是以2019年《朝日新闻》的新年专题"老去的日本"为首的年度专题的第三部。我们集结报社各部门的记者，以"无退休时代"为主题，2019年5月开始调查采访，同年10月开始线上连载。我们的采访源于这样一个问题意识："日本人口每年减少45万人，规模相当于一个长崎市或富山市。人口减少会使这个国家今后失去更多的国民。市面上有许多抗衰老产品，可面对一个老化的国家，却不容易找到阻止这一趋势的措施。在令和伊始，我们应该思考这个社会的可持续性。"

　　基于这一主旨，我们对纸质报纸上的稿件内容进行深入挖掘，在"朝日新闻数字版"发表了原创文章与相关采访实录。纸质版方面，在总计四篇的连载文章之外，还在"观点"（OPINION）专栏刊登三人对谈"我们应工作到何时"，赴邻国韩国开展大型采访"出生率0.98 韩国面临的课题"，真锅弘树与滨田阳太郎编委解读"无退休时代的生存方式",读者参与型专栏"百家谈"(FORUM)两次刊登"妖精大叔"特辑,该系列的相关报道在数字版与纸质版上一直持续到 2020 年 3 月。

在"无退休"特辑中,网络热度最高的是"妖精大叔"的相关文章。这个称号诞生于一次分享采访调查内容的讨论会上,采访组最年轻的记者讲述了"从朋友那里听来的一件事",众人由此联想到"妖精大叔"这个说法。关于如何形成原稿,我们听取前辈和熟悉劳务用工问题的同事的建议,制订了采访方针。但终究觉得到"妖精大叔"出没的公司进行暗中采访的做法不妥,所以没能直接接触到自称"妖精大叔"的人。不过,在朝日新闻数字版的特辑公开后,我们收到了许多读者来信,表示自己或家人曾经是"妖精大叔"。

新冠疫情期间,线上采访和线上会议对报社记者来说也是非常重要的手段。但如果没有当初诸位记者聚在一起探讨和畅聊、共享头脑风暴、围在桌前商议等这些传统形式的沟通,妖精大叔的报道也许就不会诞生。

"妖精大叔"稿件上报之际,报社内部的强烈反对曾让我有一瞬间想退缩。一些大叔员工抗议"'大叔'有偏见之嫌",还有人认为"这是歧视""没有考虑到他人的感受"。

朝日新闻社在外人眼中或许是一个"思想统一的整体",其实内部是允许不同声音存在的开放的组织,大家可以就报道内容畅所欲言,不用在意职务和立场。内部的反对让我切实体会到"妖精大叔"一词在很多人心中掀起了波澜。

这里所说的大叔并没有特定的人物原型。很多记者已经到了"大叔"的年纪,他们也迫切希望直面自己的人生和职业生涯,揭示成为日本社会一大群体的大叔们的困境。或许社会上也存在"不工作的大妈",但之所以没有成为社会问题,恐怕是因为群体规模本就小于大叔的她们都在努力地工作吧。迷失的一代的女性们隐藏在大叔的阴影下,被社会遗忘。她们所面临的困境更需要尽早得到解决。

最后,非常感谢爽快接受采访并向我们吐露心声的各位受访者以及为我们耐心讲解多年的研究成果的各位专家。没有你们的支持,连载和本书就不会问世。再次向各位表示感谢。在朝日新闻东京总社编辑局说服主管为我们争取到版面并协助数字版刊载的前编辑局长助理藤原泰子女士,与我们一起为妖精大叔的插图和图表绘制付出心血的各位设计部同仁,根据用户反馈优化文章和页面可读性的数字编辑部(现内容编制总部)三桥麻子副部长及部门诸位,也向你们致以由衷的感谢。

本书受新冠疫情冲击，出书计划差点流产。我在《周刊朝日》做副主编时，有缘担任堺屋太一先生的连载编辑，得以在与堺屋先生共事的编辑中忝列末席，并由此结识了堺屋先生的遗著《第三个日本》（祥传社新书）的责编冈部康彦先生。我找冈部先生商量出书一事，得到了他的鼓励。人与人之间的各种缘分与联系仍是日益兴盛的数字化和网络世界难以替代的。人与人的相遇促成原稿，结集成书。在此向堺屋先生和冈部先生致以深深的感谢。

2021年2月

《朝日新闻》"无退休社会"特别采访组副组长

金子桂一（原观点编辑部副部长）